DICH FRAGE ICH NOCH

FORDERE DEINE FREUNDE HERAUS BEVOR SIE ES TUN!

DICH FRAGE ICH NOCH

FORDERE DEINE FREUNDE HERAUS BEVOR SIE ES TUN!

Impressum

Bibliografische Information der Deutschen Nationalbibliothek: Die Deutsche Nationalbibliothek verzeichnet diese Publikation in der Deutschen Nationalbibliografie; detaillierte bibliografische Daten sind im Internet über dnb.dnb.de abrufbar.

Herstellung und Verlag: BoD – Books on Demand, Norderstedt

ISBN: 9783756213993

INHALTSVERZEICHNIS

SCHNELLSTART

Du hast dieses Buch gekauft oder geschenkt bekommen und fragst dich wie es jetzt weiter geht?
Als Herausforderer bist du in der glücklichen Position, dir einen deiner Freunde aussuchen zu können, der dieses Buch für dich ausfüllen soll.
Schlage die Namenstafel dieses Buches (Seite 9) auf und trage deinen Namen bei „Herausforderer" und den Namen deines Freundes im Feld „Verteidiger" ein.
Dann gibst du das Buch deinem Freund und bittest ihn es für dich auszufüllen. Sobald er damit fertig ist, kriegst du das Buch wieder von ihm zurück.
Jetzt kannst du die Antworten deines Freundes bepunkten und das Scoremeter ausfüllen. Eine detaillierte Anleitung dazu findest du hinten im Buch.

Empfehlung: Setzt euch nochmal zusammen, wenn ihr mit dem Buch fertig seid. Fehler und unausgefüllte Aufgaben können großartigen Gesprächsstoff bieten, um einander besser kennenzulernen. Hin und wieder hört man so von sehr lustigen Geschichten der anderen Seite.

SCHNELLSTART

Du hast von einem Freund dieses Buch bekommen und in der Namenstafel (Seite 9) ist dein Name bei „Verteidiger" eingetragen? Keine Panik, du kannst diese Challenge immer noch zu deinen Gunsten drehen: Fülle die Fragen und Aufgaben der Runden 1 bis 12 so gut aus, wie du eben kannst. Solltest du bei einzelnen Aufgaben Fragen haben, findest du hinten im Buch eine Anleitung. Wenn du fertig bist, gibst du das Buch dem Freund, der dich herausgefordert hat, zurück und wer weiß, vielleicht bist du viel besser als es der Herausforderer erwartet!

Wichtig: Alle Fragen beziehen sich an den Herausforderer, die du (Verteidiger) beantworten sollst. Mache also nicht den Fehler, wie bspw. bei der Frage „Wie alt bin ich?" dein Alter (Verteidiger) einzutragen, sondern schreibe das Alter des Herausforderers hinein.

CHECKLISTE

HERAUSFORDERER

- [ ] Buch kaufen
- [ ] Namenstafel ausfüllen (⇨ rechte Seite)
- [ ] Verteidiger herausfordern
- [ ] Buch zurückbekommen
- [ ] Aufgaben bepunkten

VERTEIDIGER

- [ ] Buch bekommen
- [ ] Fragen beantworten
- [ ] Buch zurückgeben

neue Person herausfordern!

NAMENSTAFEL

Wer fordert wen heraus? Tragt hier eure Namen ein.

HERAUSFORDERER
Lies am besten die gesamte Anleitung
Vergiss nicht deine Aufgaben (Checkliste)
VERTEIDIGER
Hinten gibt es mehr Platz zum Ausfüllen
Rechnung nicht ausfüllen!
Lieber raten statt auslassen

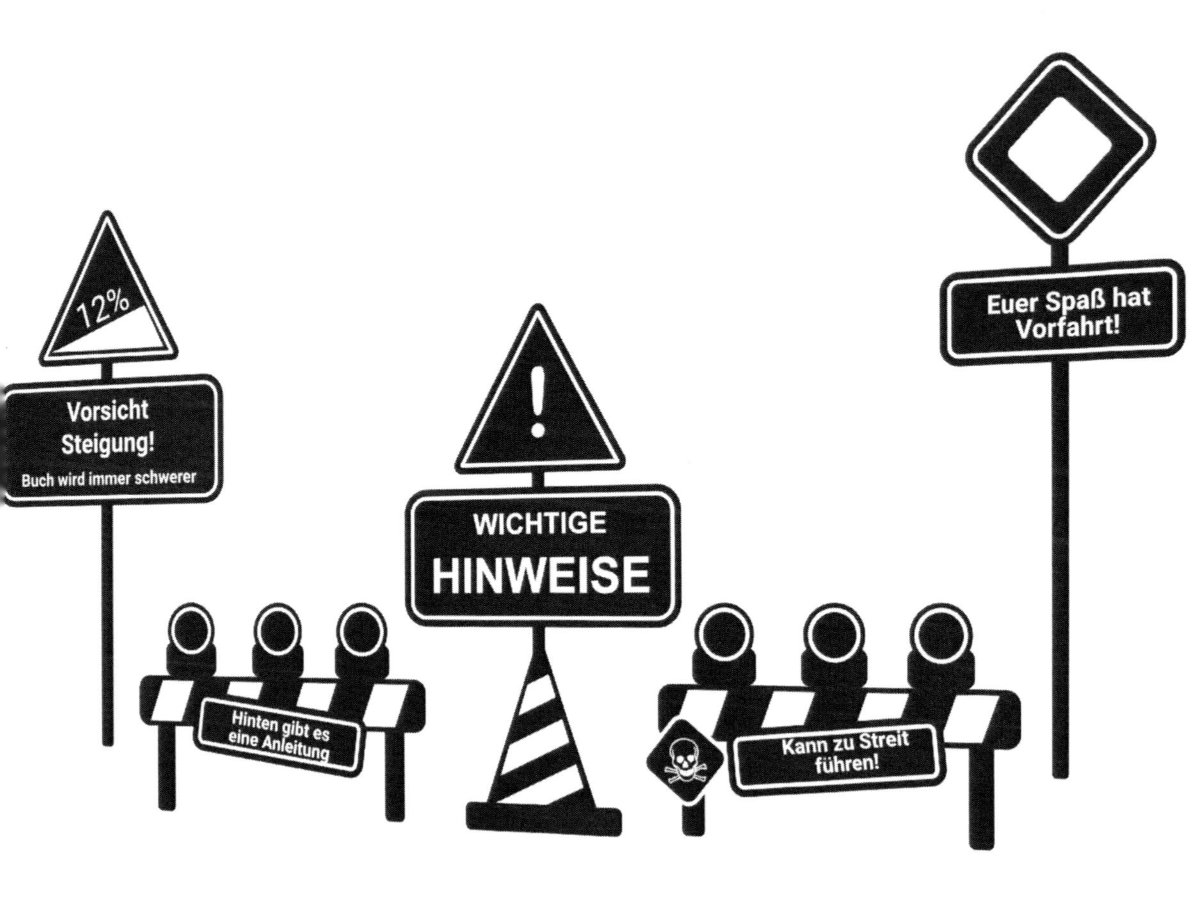
12%
Vorsicht
Steigung!
Buch wird immer schwerer
WICHTIGE
HINWEISE
Euer Spaß hat
Vorfahrt!
Hinten gibt es
eine Anleitung
Kann zu Streit
führen!

1
RUNDE

1
2
3
4
5
6
7
8
9
10
11
12

Welche Haarlänge habe ich am ehesten?

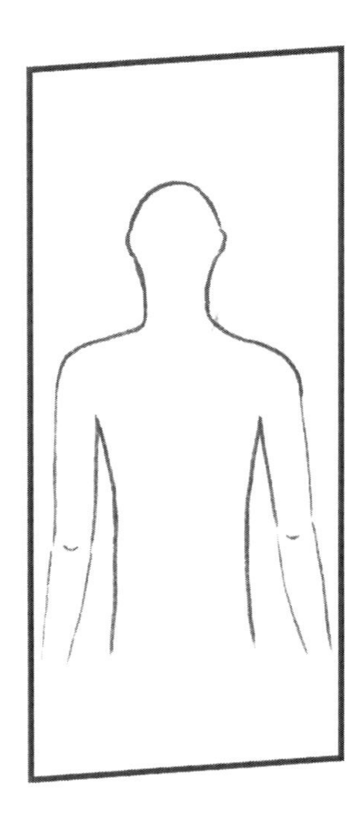

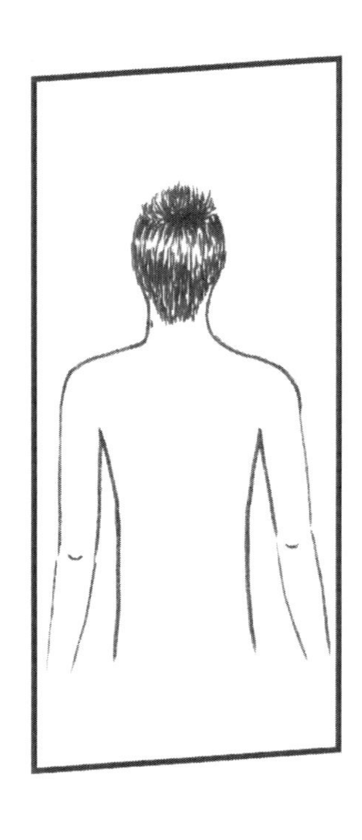

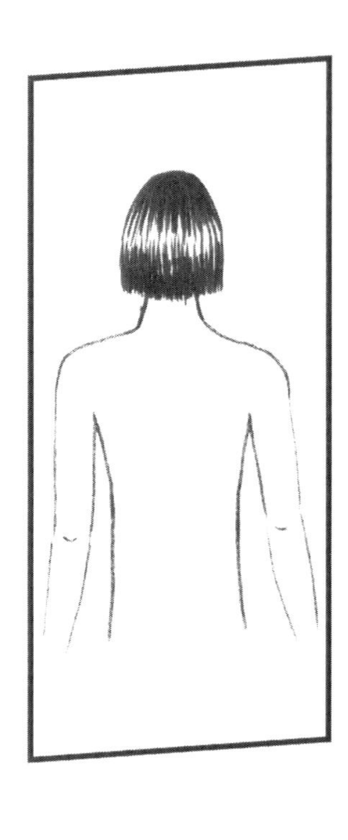

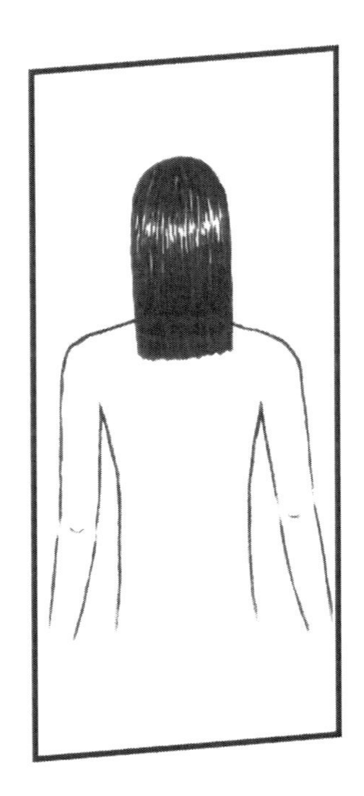

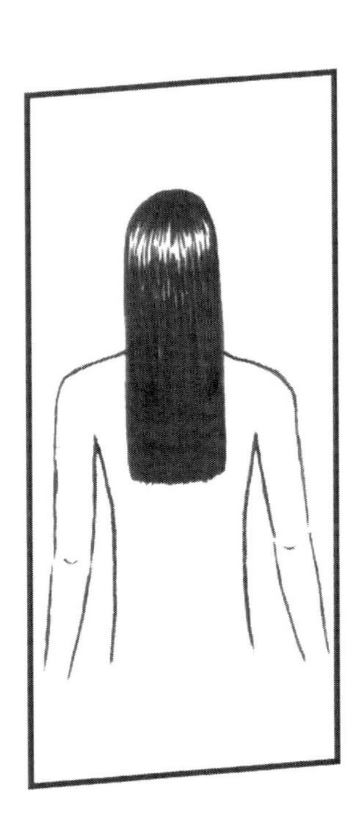

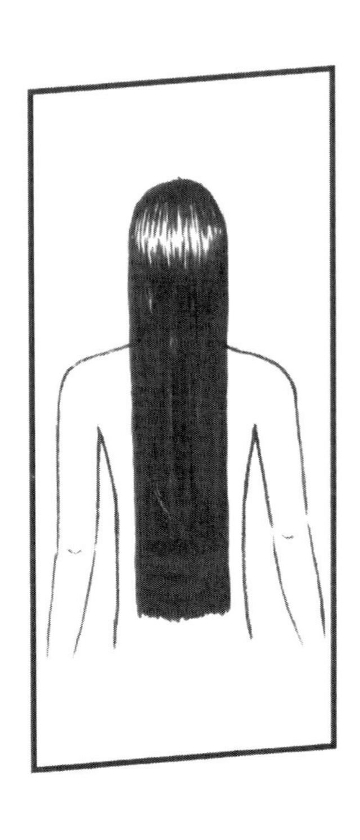

SCORE 1

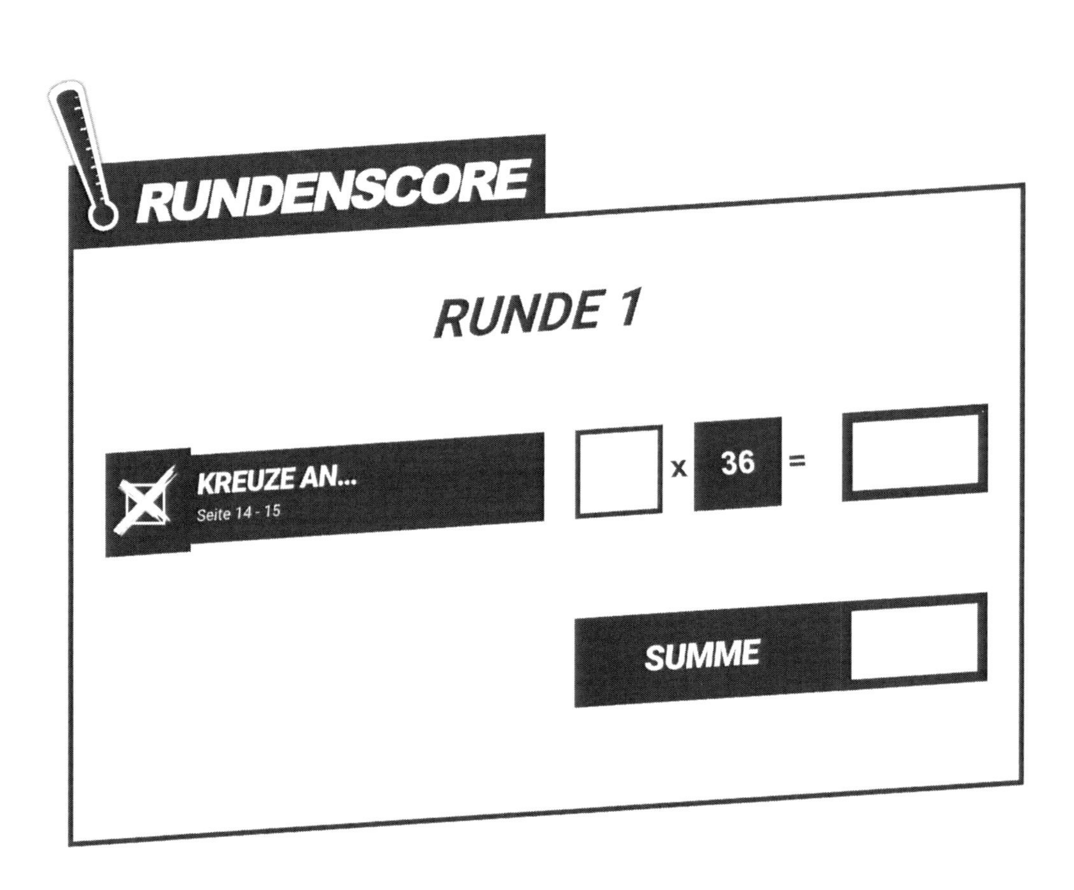
RUNDENSCORE
RUNDE 1
KREUZE AN...
Seite 14 - 15
x
36
=
SUMME

2
RUNDE

Welcher Style passt am besten zu mir?

weitere Möglichkeiten

KREUZE AN...

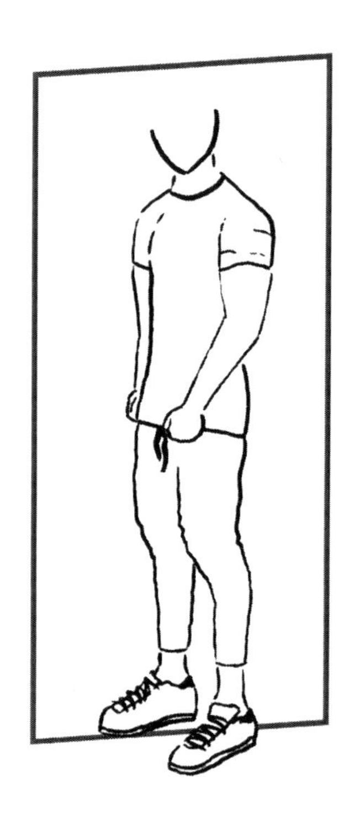

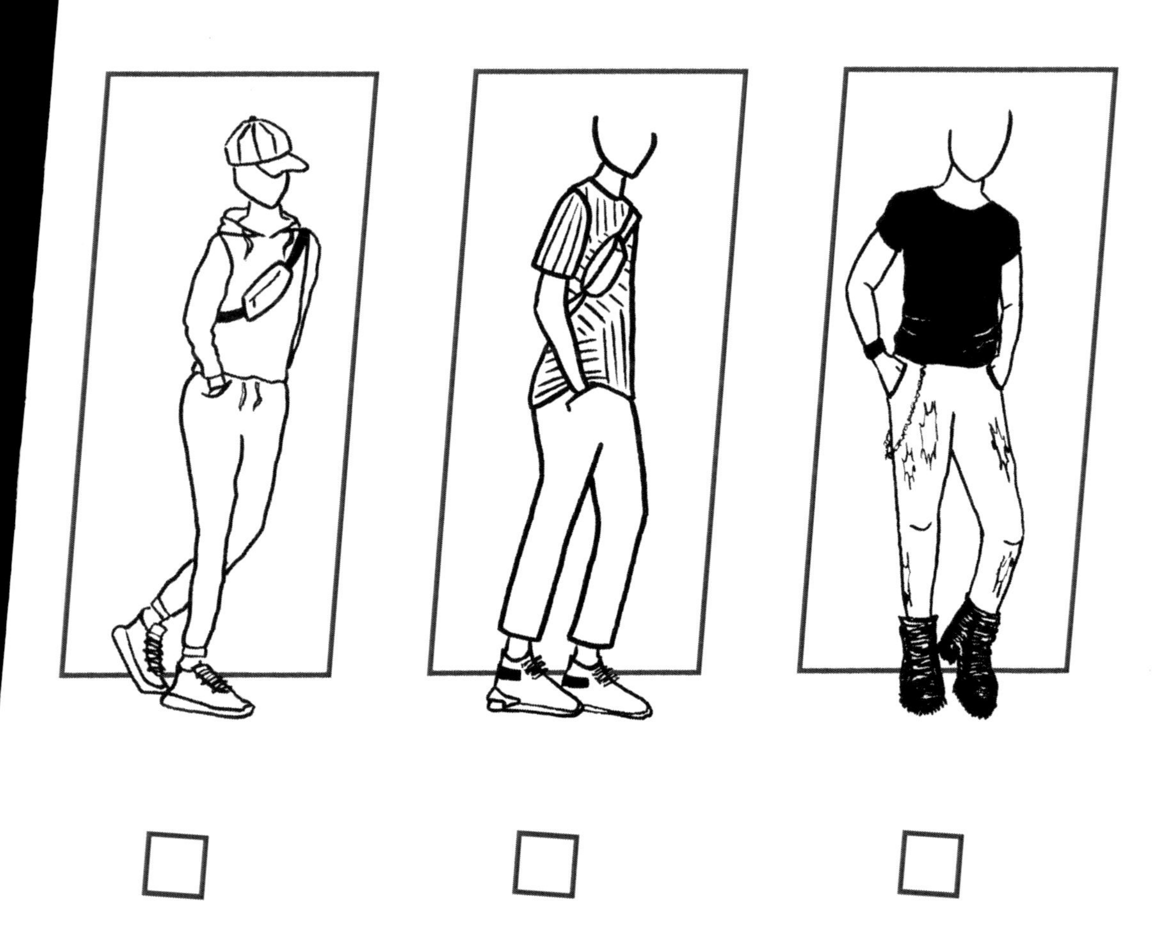

SCORE
1

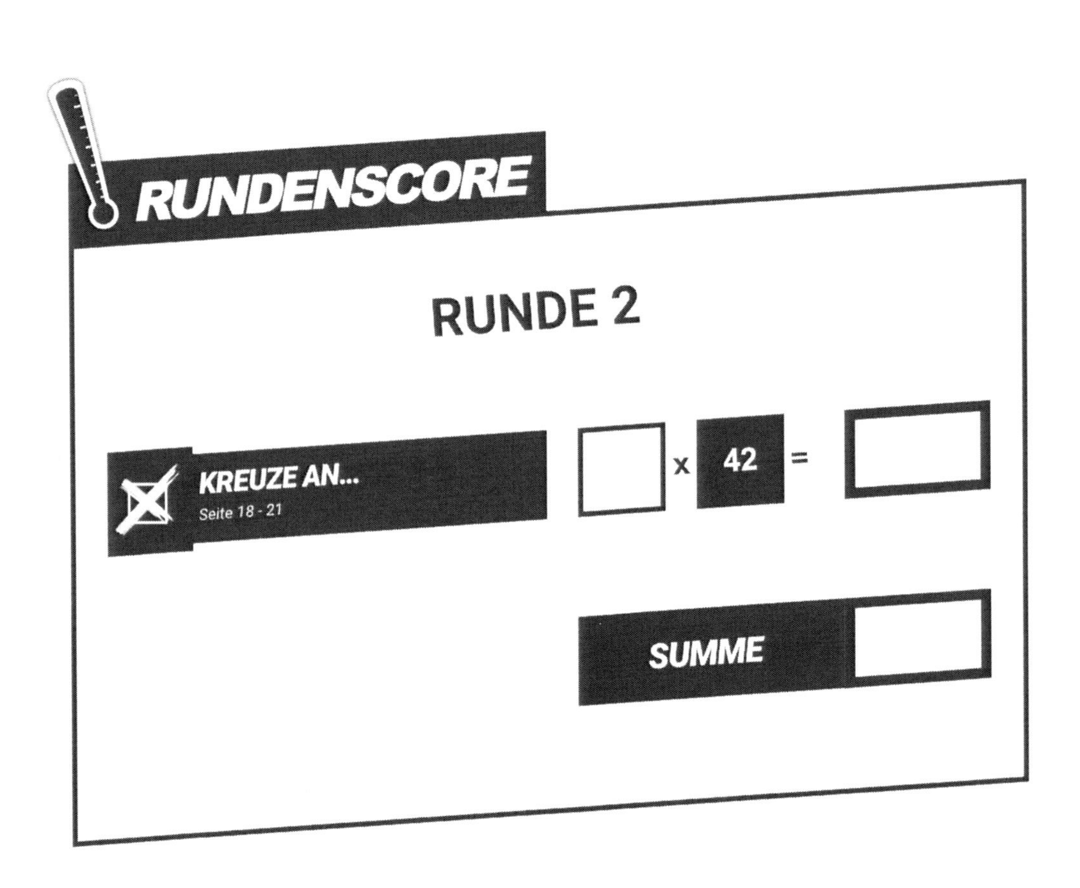
RUNDENSCORE
RUNDE 2
KREUZE AN...
Seite 18 - 21
x
42
=
SUMME

3
RUNDE

FRAGEN

1
2
3
4
5
6
7
8
9
10
11
12

Wie lautet mein Vorname?

....

Wie alt bin ich?

....

Was ist meine aktuelle Haarfarbe?

....

Besitze ich ein eigenes Auto?

☐ JA ☐ NEIN

Welches Geschlecht habe ich?

....

Wie lautet mein Vorname rückwärts?

....

In welchem Beziehungsstatus befinde ich mich?

Bin ich Links- oder Rechtshänder?

LINKS RECHTS

In welcher Stadt wohne ich?

Wohne ich noch mit anderen Leuten zusammen?

JA NEIN

Wie lautet meine Handynummer?

Wie lautet mein Nachname?

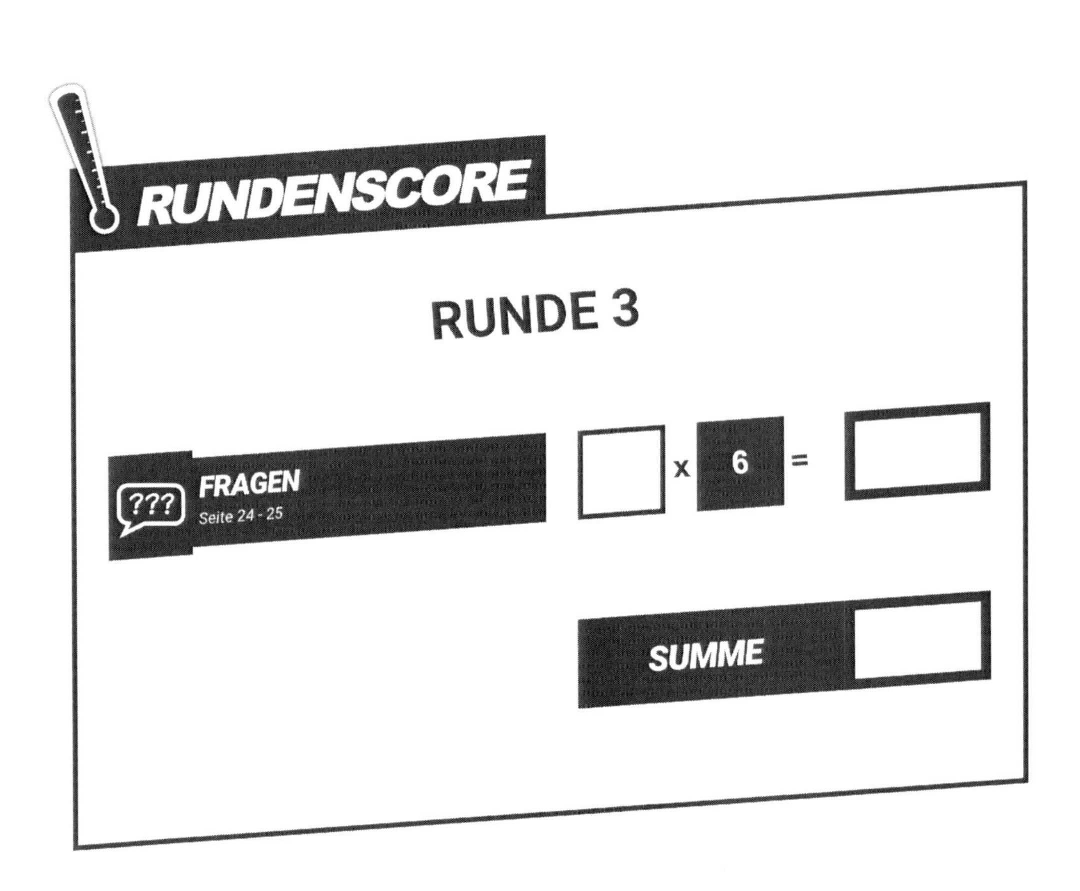
RUNDENSCORE
RUNDE 3
???
FRAGEN
Seite 24 - 25
x
6
=
SUMME

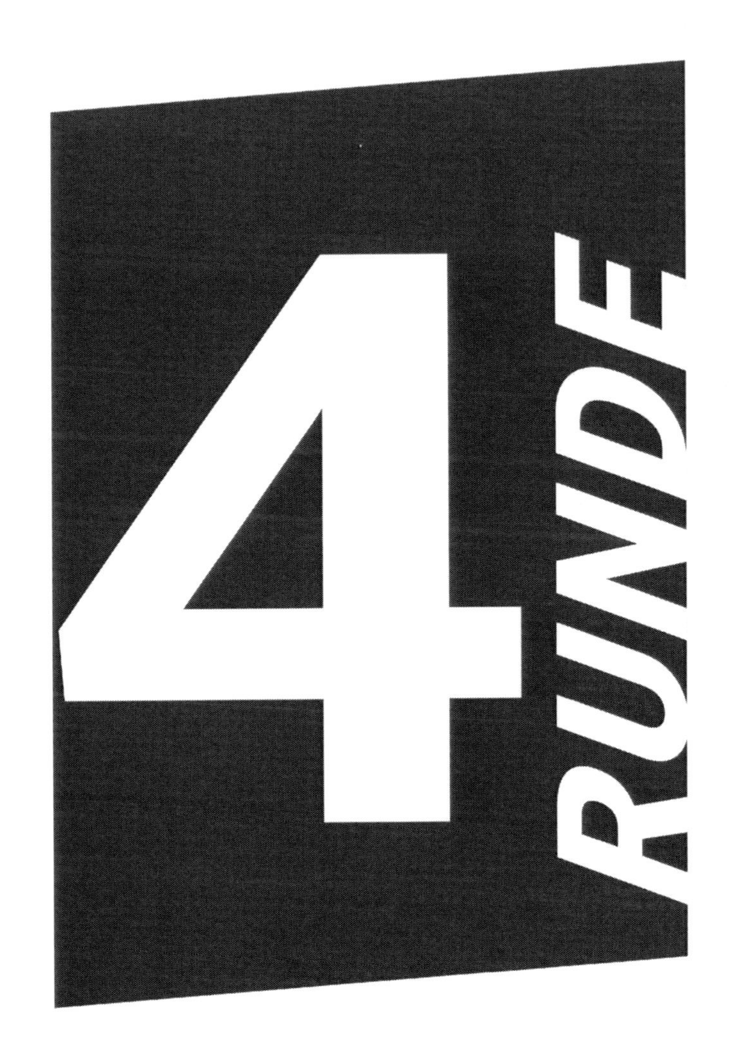
4
RUNDE

A ODER B?

1 2 3 4 5 6 7 8 9 10 11 12

Ich wähle Antwort ...

Kreuze A oder B an:

	A	B
Allein oder in Gesellschaft?	☐	☐
Anrufen oder Schreiben?	☐	☐
Geben oder Nehmen?	☐	☐
Reden oder Schweigen?	☐	☐
Hund oder Katze?	☐	☐
Obst oder Gemüse?	☐	☐
Rolltreppen oder Aufzug?	☐	☐
Schuhe oder Uhren?	☐	☐
Zu kalt oder zu warm?	☐	☐

✓/✗ RICHTIG ODER FALSCH?

Ich habe noch nie...

Kreise ✓ für richtig oder ✗ für falsch ein:

... Alkohol getrunken.	✓	✗
... einen Film mehr als 6-mal gesehen.	✓	✗
... einen gebrochenen Knochen gehabt.	✓	✗
... einen Schneemann gebaut.	✓	✗
... im Schlaf gesabbert.	✓	✗
... meinen Eltern einen Streich gespielt.	✓	✗
... Krücken benutzt.	✓	✗
... vor Freude geweint.	✓	✗
... vor Lachen geweint.	✓	✗

Wie wichtig finde ich Kaffee?

☐ Gar nicht! ☐ Kaum ☐ Neutral ☐ Etwas ☐ Sehr!

Wie gerne mag ich Alkohol?

☐ Gar nicht! ☐ Kaum ☐ Neutral ☐ Etwas ☐ Sehr!

Wie wichtig sind mir soziale Medien?

☐ Gar nicht! ☐ Kaum ☐ Neutral ☐ Etwas ☐ Sehr!

SCORE 3

ABFOLGE

Ordne diese Aktivitäten nach ihrer Wichtigkeit für meine Freizeitgestaltung:

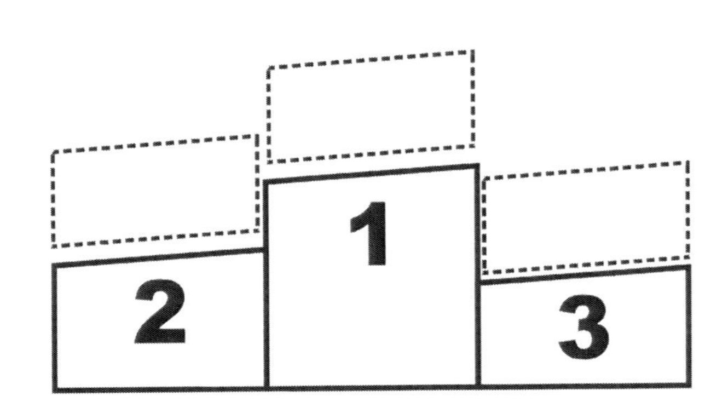

RUNDE 4

A ODER B?
Seite 28

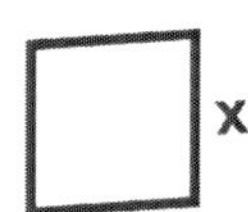 x **2,5** = 

RICHTIG ODER FALSCH?
Seite 29

 x **3,5** = 

ABSCHÄTZEN
Seite 30

 x **2,5** = 

ABFOLGE
Seite 31

 x **2,5** = 

SUMME

5
RUNDE

A ODER B?

1
2
3
4
5
6
7
8
9
10
11
12

Ich wähle Antwort ...

Kreuze A oder B an:

	A	B
2D oder 3D Film im Kino?	☐	☐
Bier oder Wein?	☐	☐
Haartransplantation oder Glatze?	☐	☐
Halloween oder Valentinstag?	☐	☐
Salz oder Pfeffer?	☐	☐
Sitzen oder Stehen?	☐	☐
Strand oder Berge?	☐	☐
Sport oder Diät?	☐	☐
Wasser mit oder ohne Kohlensäure?	☐	☐

✓/✗ RICHTIG ODER FALSCH?

Ich habe noch nie...

Kreise ✓ für richtig oder ✗ für falsch ein:

... bei einem Film weinen müssen.	✓	✗
... die Schule geschwänzt.	✓	✗
... eine 6 in der Schule gehabt.	✓	✗
... eine Person zum Bluten gebracht.	✓	✗
... geklaut.	✓	✗
... Hausarrest gehabt.	✓	✗
... Shisha geraucht.	✓	✗
... unerlaubt das Haus verlassen, um mich mit Freunden zu treffen.	✓	✗
... unter der Dusche gesungen.	✓	✗

ABSCHÄTZEN

1
2
3
4
5
6
7
8
9
10
11
12

Was halte ich von Fernsehen schauen?

☐ Hass ☐ Trauer ☐ Neutral ☐ Freude ☐ Liebe

Meine Meinung zu Fußball?

☐ Furchtbar ☐ Schlimm ☐ Neutral ☐ Interessant ☐ Großartig

Meine Meinung zu Schminke?

☐ Furchtbar ☐ Schlimm ☐ Neutral ☐ Interessant ☐ Großartig

SCORE 3

ABFOLGE

Ordne die Verkehrsmittel danach wie viel Übelkeit sie bei mir erzeugen:

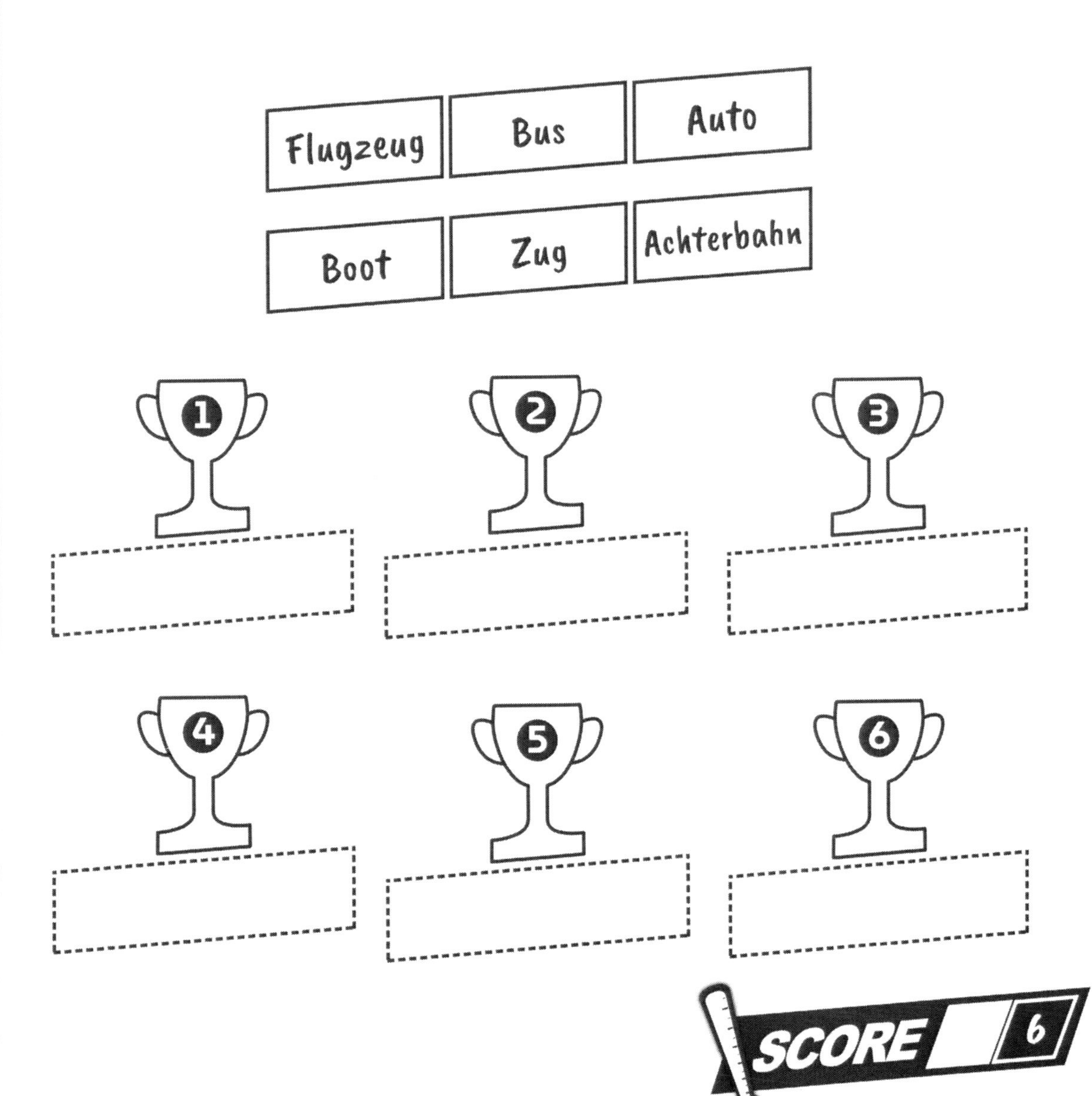

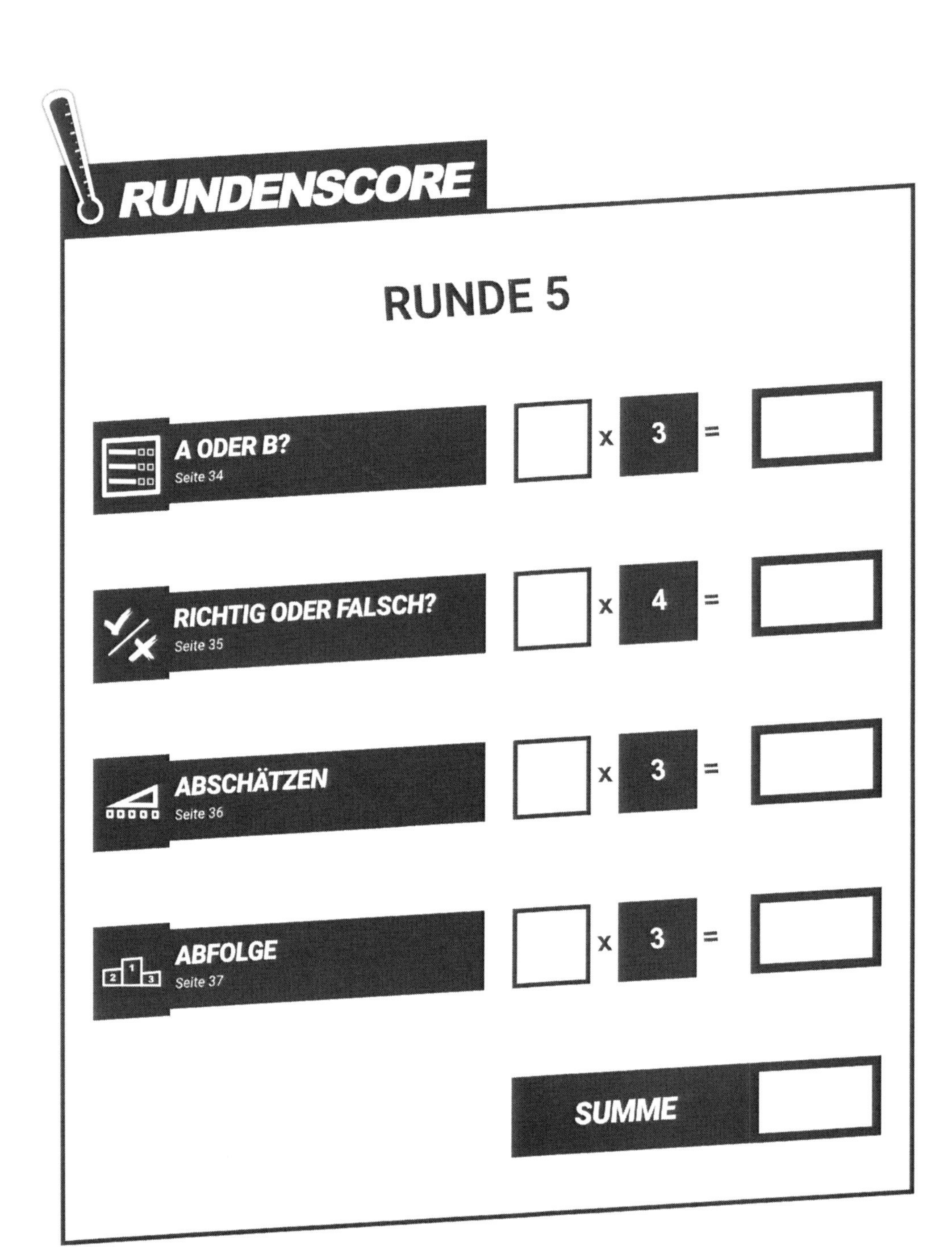
RUNDENSCORE
RUNDE 5
A ODER B?
Seite 34
x
3
=
RICHTIG ODER FALSCH?
Seite 35
x
4
=
ABSCHÄTZEN
Seite 36
x
3
=
ABFOLGE
Seite 37
x
3
=
SUMME

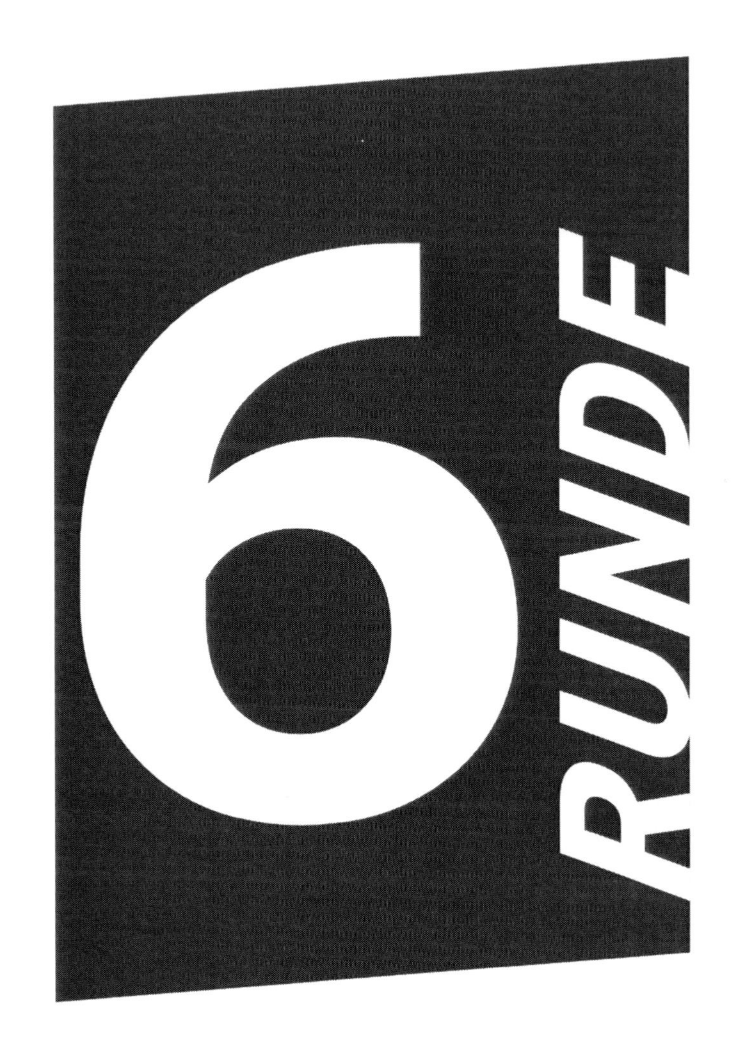
6
RUNDE

A ODER B?

1 2 3 4 5 6 7 8 9 10 11 12

Ich wähle Antwort ...

Kreuze A oder B an:

	A	B
Beifahrer oder Fahrer?	☐	☐
Ein großes oder viele kleine Geschenke?	☐	☐
Ketchup oder Mayonnaise?	☐	☐
Nach einem Streit allein sein oder mit anderen Freunden darüber reden?	☐	☐
Schreiben mit Stift oder Tastatur?	☐	☐
Serien oder Filme?	☐	☐
Tag oder Nacht?	☐	☐
Rollschuhe oder Inliner?	☐	☐
Zahlen oder Buchstaben?	☐	☐

✓/✗ RICHTIG ODER FALSCH?

Ich habe noch nie...

Kreise ✓ für richtig oder ✗ für falsch ein:

... allein im Auto bei meinem Lieblingslied mitgesungen.	✓	✗
... an einem Lagerfeuer gesessen.	✓	✗
... einen Wespenstich erlitten.	✓	✗
... eine Lehrkraft als anziehend empfunden.	✓	✗
... eine Handgreiflichkeit in der Schule gehabt.	✓	✗
... eine Blumenkette selbstgemacht.	✓	✗
... die Aufforderung bekommen, das Klassenzimmer zu verlassen.	✓	✗
... eine Tür im Streit zugesperrt, um alleine zu sein.	✓	✗
... um etwas gewettet und verloren.	✓	✗

FRAGEN

1 2 3 4 5 6 7 8 9 10 11 12

Wann wurde ich geboren?

__ __ . __ __ . __ __ __ __

Welcher ist mein höchster Schulabschluss?

Welcher Religion gehöre ich an?

Ernähre ich mich vegetarisch?

☐ JA ☐ NEIN

Ernähre ich mich vegan?

☐ JA ☐ NEIN

Habe ich Geschwister?

☐ JA ☐ NEIN

Wie groß bin ich?

....

War ich schon mal im Ehrenamt aktiv?

☐ JA ☐ NEIN

Wie ist meine Augenfarbe?

....

Wie lautet meine aktuelle Anschrift?

....

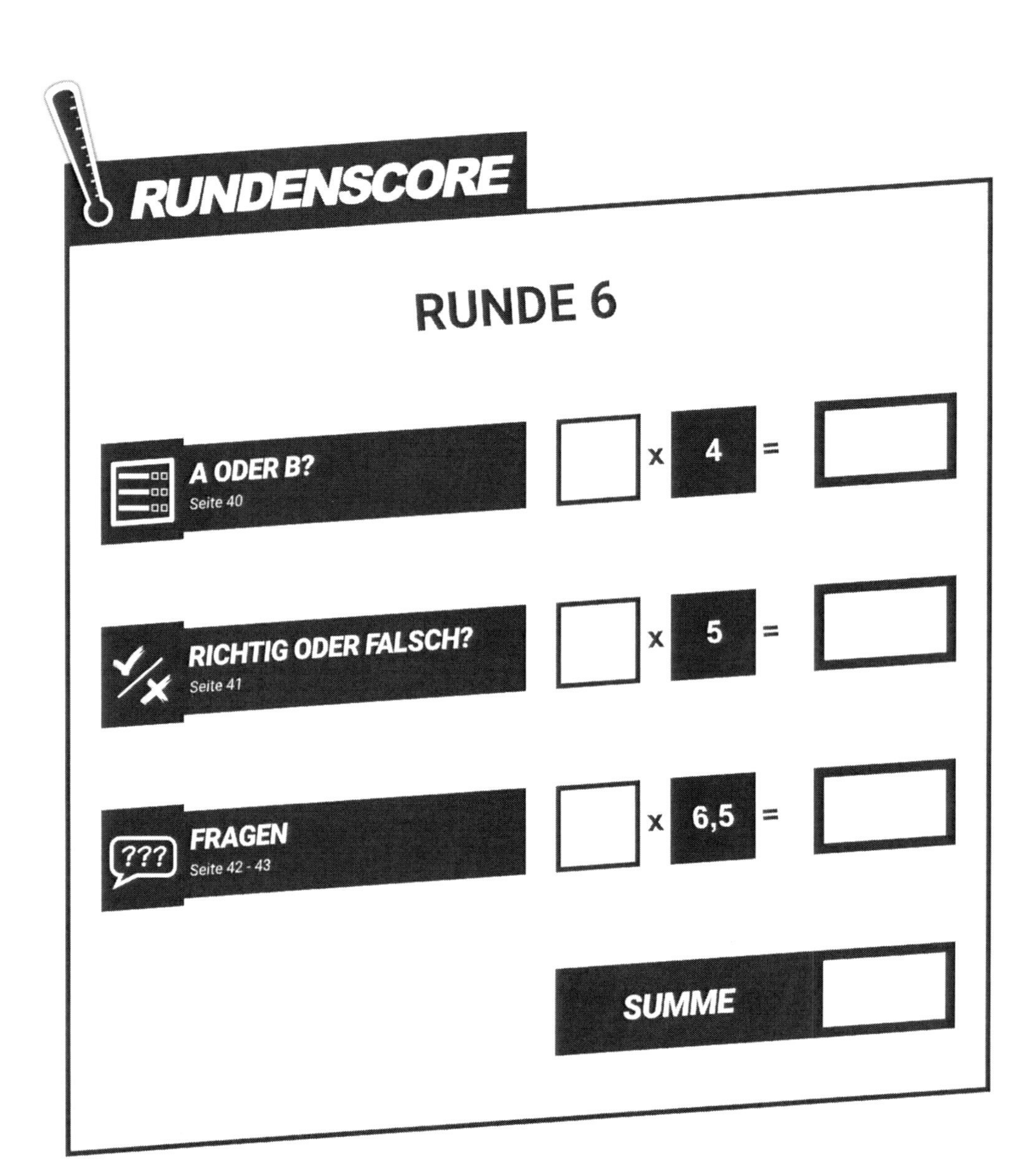
RUNDENSCORE
RUNDE 6
A ODER B?
Seite 40
x
4
=
RICHTIG ODER FALSCH?
Seite 41
x
5
=
???
FRAGEN
Seite 42 - 43
x
6,5
=
SUMME

7
RUNDE

A ODER B?

Ich wähle Antwort ...

Kreuze A oder B an:

	A	B
Zuerst gute oder schlechte Nachricht?	☐	☐
Tee oder Kaffee?	☐	☐
Klimaanlage oder Heizung?	☐	☐
Karte oder Bargeld?	☐	☐
Land oder Großstadt?	☐	☐
Lebenspartner oder Haustiere?	☐	☐
Modernes oder klassisches Design?	☐	☐
Nudeln oder Reis?	☐	☐
Perfektes Gesicht oder perfekter Körper?	☐	☐

✓/✗ RICHTIG ODER FALSCH?

Ich habe noch nie...

Kreise ✓ für richtig oder ✗ für falsch ein:

... Helium eingeatmet.	✓	✗
... beim Spieleabend geschummelt und es nicht zugegeben.	✓	✗
... das Tempolimit überschritten und dafür bezahlen müssen.	✓	✗
... eine Disco wegen falschen Benehmens verlassen müssen.	✓	✗
... einen Rollstuhl benutzen müssen.	✓	✗
... eine Kassette besessen.	✓	✗
... Glücksspiel ausprobiert.	✓	✗
... meine Handynummer auswendig gewusst.	✓	✗
... Schlager geliebt.	✓	✗

ABSCHÄTZEN

1
2
3
4
5
6
7
8
9
10
11
12

Wie stufe ich 18°C Außentemperatur ein?

☐ Antarktis ☐ Kalt ☐ Neutral ☐ Warm ☐ Sonne

Wie sehr mag ich Bärte?

☐ Gar nicht ☐ Kaum ☐ Neutral ☐ Etwas ☐ Sehr

Wie sehr mag ich Energy Drinks?

☐ Gar nicht ☐ Kaum ☐ Neutral ☐ Etwas ☐ Sehr

SCORE 3

ABFOLGE

Sortiere die Begriffe nach ihrer Relevanz, wenn ich nach Hause komme:

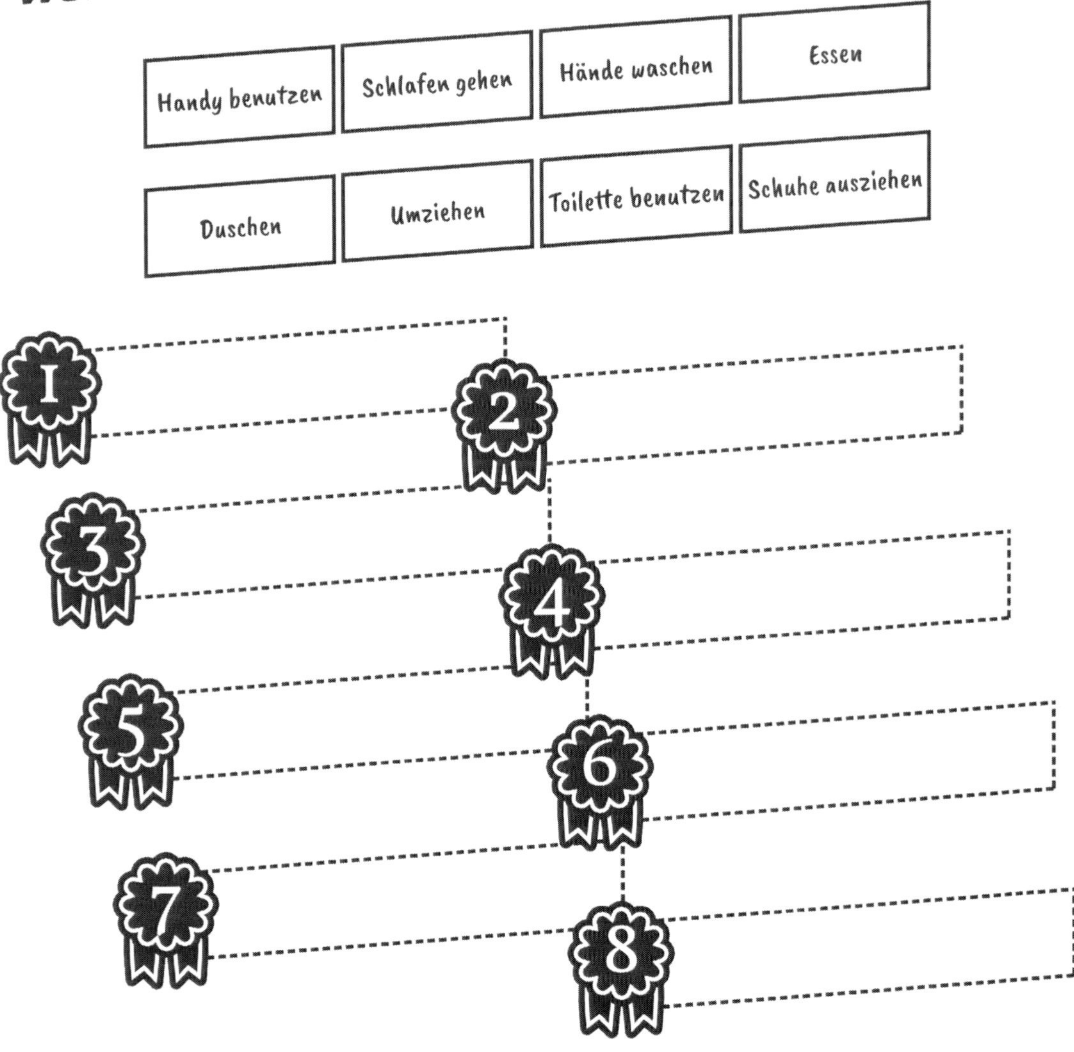

SCORE 8

Spiele ich zurzeit irgendein Instrument?

Streichinstrument

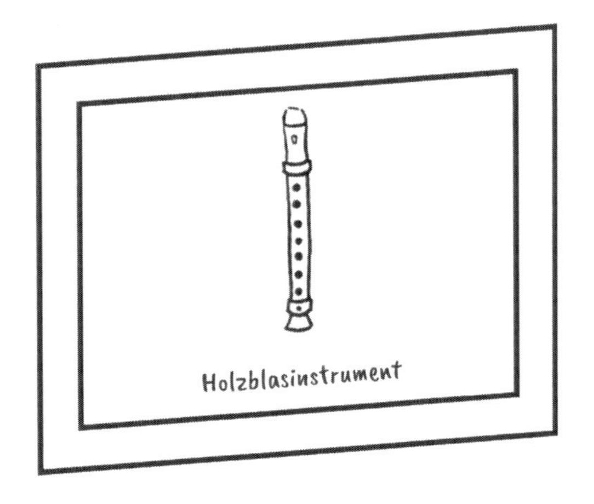
Holzblasinstrument

sonstiges Instrument

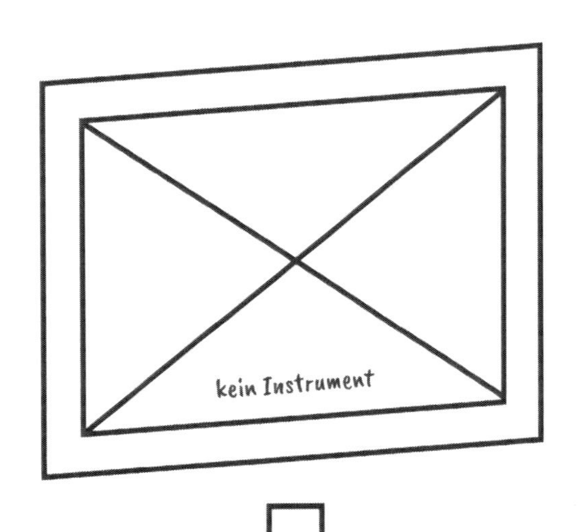
kein Instrument

SCORE
1

RUNDE 7

Kategorie		Faktor		Ergebnis
 **A ODER B?** Seite 46		x 4,5	=	
 **RICHTIG ODER FALSCH?** Seite 47		x 5,5	=	
 **ABSCHÄTZEN** Seite 48		x 5	=	
 **ABFOLGE** Seite 49	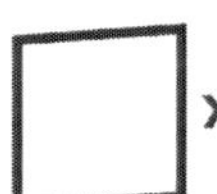	x 5	=	
 **FOTOWAND** Seite 50 - 51		x 15	=	

SUMME

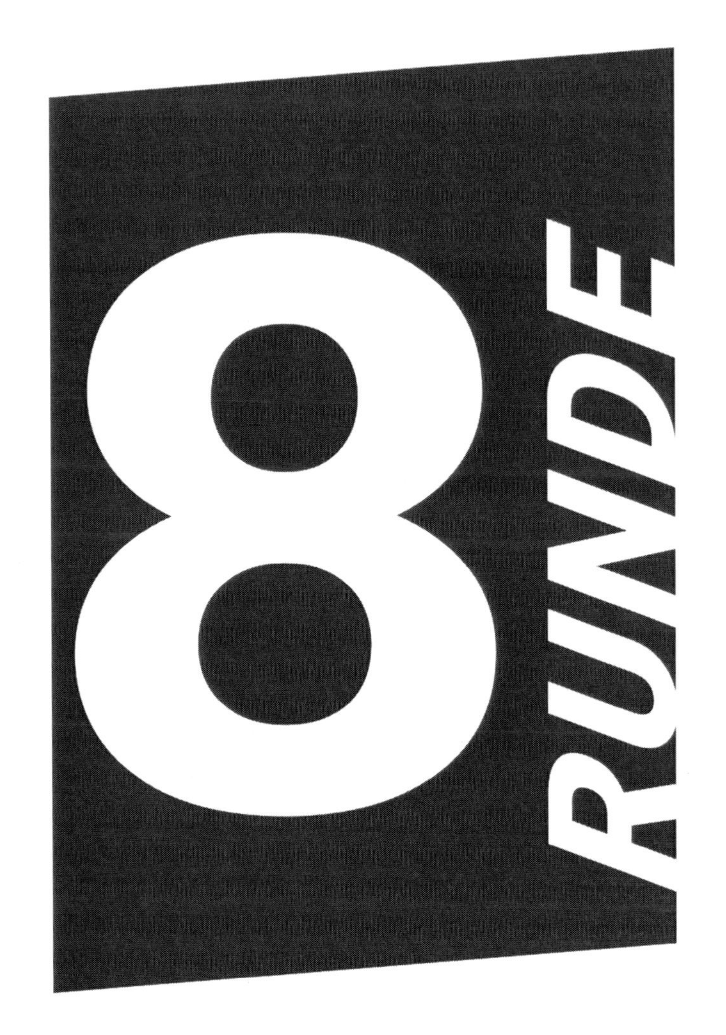
8
RUNDE

A ODER B?

Ich wähle Antwort ...

Kreuze A oder B an:

	A	B
Afrika oder Asien?	☐	☐
Blind oder gehörlos?	☐	☐
Deospray oder Deoroller?	☐	☐
Duschen oder Baden?	☐	☐
Essen ohne zuzunehmen oder grenzenloses Wissen?	☐	☐
Intelligenter oder lustiger Partner?	☐	☐
Mama oder Papa?	☐	☐
Singen oder Tanzen?	☐	☐
Weihnachten oder Geburtstag?	☐	☐

✓/✗ RICHTIG ODER FALSCH?

Ich habe noch nie...

Kreise ✓ für richtig oder ✗ für falsch ein:

... im Freizeitpark erbrochen.	✓	✗
... einen gewissen Teil eines Kinofilms verschlafen.	✓	✗
... durch einen Unfall kurzzeitig meine Orientierung verloren.	✓	✗
... einer Person ins Auto erbrochen.	✓	✗
... von der Polizei Handschellen angelegt bekommen.	✓	✗
... länger als 6h telefoniert.	✓	✗
... meine Mandeln entfernt bekommen.	✓	✗
... Quad fahren ausprobiert.	✓	✗
... einer Person ein Getränk ins Gesicht geschüttet.	✓	✗

Wie reagiere ich auf mein eigenes Aussehen im Spiegel?

☐ Deprimiert ☐ Schmollen ☐ Neutral ☐ Grinsen ☐ Freude

Sollten Leute ihre Handys immer bei sich tragen?

☐ Nein ☐ Eher Nein ☐ Egal ☐ Eher Ja ☐ Ja

Wie reagiere ich auf starken Schneefall?

☐ Deprimiert ☐ Schmollen ☐ Neutral ☐ Grinsen ☐ Freude

SCORE ___ 3

Ordne nach meiner morgendlichen Priorität:

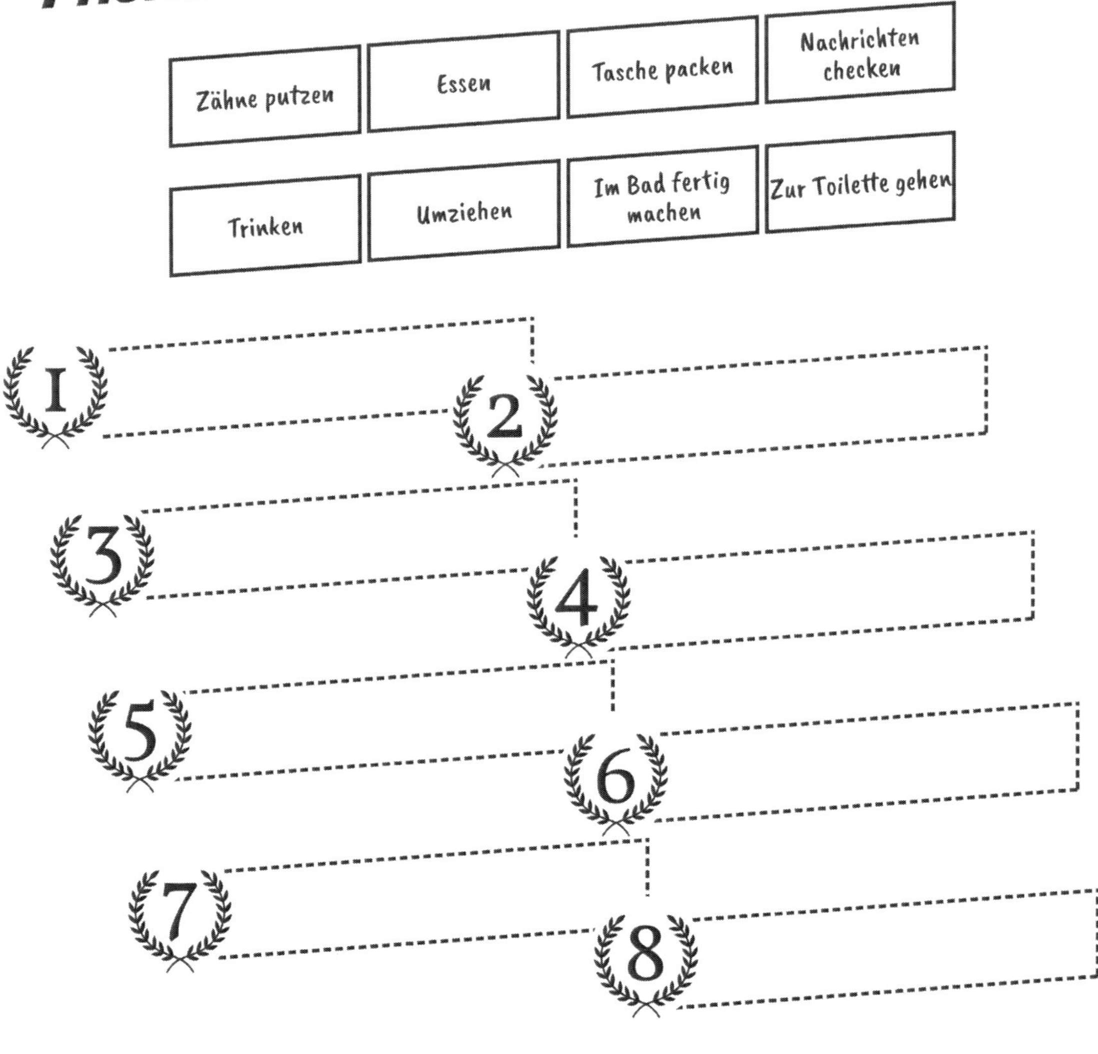

Habe ich zurzeit irgendein Haustier?

Nager
Vogel
anderes Haustier
kein Haustier

SCORE
1

RUNDE 8

A ODER B?
Seite 54

 x  5 = 

RICHTIG ODER FALSCH?
Seite 55

 x 6 = 

ABSCHÄTZEN
Seite 56

 x 5,5 = 

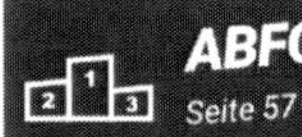

ABFOLGE
Seite 57

 x 5,5 = 

FOTOWAND
Seite 58 - 59

 x 16,5 = 

SUMME

9
RUNDE

A ODER B?

Ich wähle Antwort ...

Kreuze A oder B an:

	A	B
Arbeitslos oder kinderlos?	☐	☐
Computerspiele oder Konsolenspiele?	☐	☐
Eigenes Gedicht schreiben oder fremdes Gedicht vortragen?	☐	☐
Fangen oder Verstecken?	☐	☐
Klavier oder Gitarre?	☐	☐
Lieber Handy oder Schlüssel verlieren?	☐	☐
Motorrad oder Fahrrad?	☐	☐
Schlangen oder Spinnen?	☐	☐
Wahrheit oder Pflicht?	☐	☐

✓/✗ RICHTIG ODER FALSCH?

Ich habe noch nie...

Kreise ✓ für richtig oder ✗ für falsch ein:

... einen Elektrozaun angefasst.	✓	✗
... einen Einbruch in ein Schwimmbad gewagt.	✓	✗
... die Weisheitszähne gezogen bekommen.	✓	✗
... eine echte Schusswaffe in der Hand gehabt.	✓	✗
... einen fiktiven Charakter als anziehend empfunden.	✓	✗
... einen Rechtsanwalt benötigt.	✓	✗
... mir selbst die Haare geschnitten.	✓	✗
... in meiner Freizeit das Theater besucht.	✓	✗
... versucht das Passwort einer Person herauszufinden.	✓	✗

ABSCHÄTZEN

1
2
3
4
5
6
7
8
9
10
11
12

Wie sehr mag ich Lakritz?

☐ Gar nicht ☐ Kaum ☐ Neutral ☐ Etwas ☐ Sehr

Wie sehr mag ich Brokkoli?

☐ Gar nicht ☐ Kaum ☐ Neutral ☐ Etwas ☐ Sehr

Wie sehr mag ich Pilze?

☐ Gar nicht ☐ Kaum ☐ Neutral ☐ Etwas ☐ Sehr

SCORE 3

ABFOLGE

Sortiere welche Tiere ich am liebsten habe:

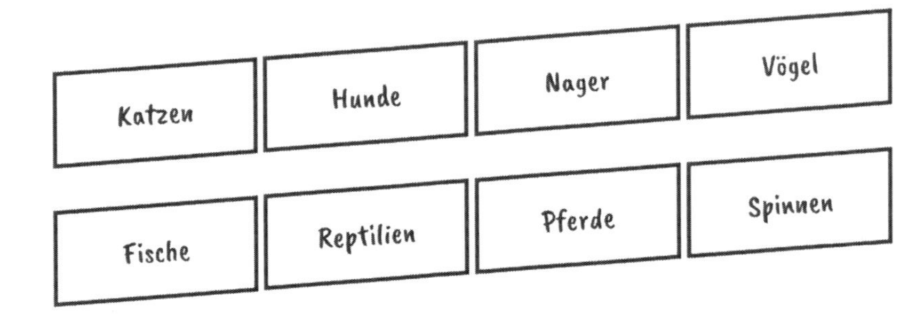

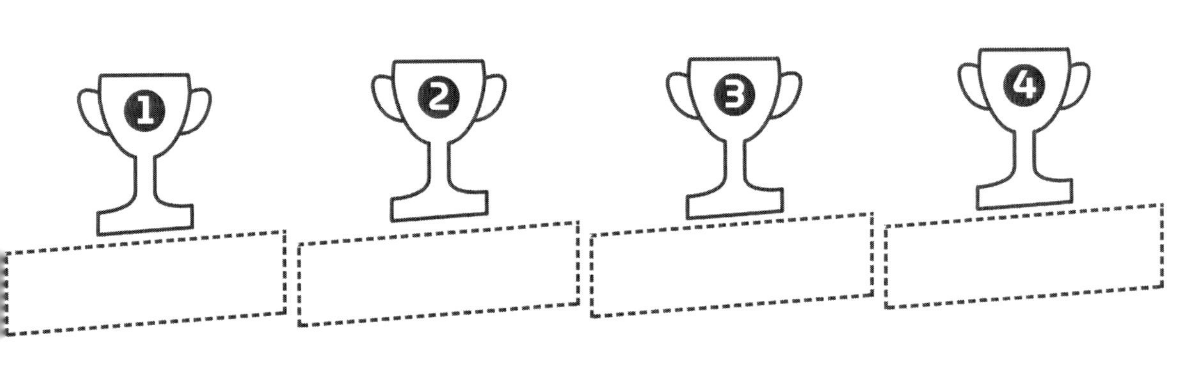

1
2
3
4
5
6
7
8
9
10
11
12

Wie heißt die Person, die ich zuerst geküsst habe?

....

Habe ich einen leichten oder tiefen Schlaf?

☐ LEICHT ☐ TIEF

Was ist meine Lieblingsfarbe?

....

Gefällt mir mein eigener Name?

☐ JA ☐ NEIN

Welche Schuhgröße habe ich?

....

Würde ich meine Organe spenden?

☐ JA ☐ NEIN

Habe ich einen Organspendeausweis?

☐ JA ☐ NEIN

Stadt der letzten Abschlussfahrt (Schule)?

....

Wer kümmert sich um meine Wäsche?

....

Wie lautet meine genaue Berufsbezeichnung?

....

Esse ich im Bett?

☐ JA ☐ NEIN

RUNDE 9

A ODER B?
Seite 62

 x **6** = 

RICHTIG ODER FALSCH?
Seite 63

 x **7** = 

ABSCHÄTZEN
Seite 64

 x **6,5** = 

ABFOLGE
Seite 65

 x **6** = 

FRAGEN
Seite 66 - 67

 x **7,5** = 

SUMME

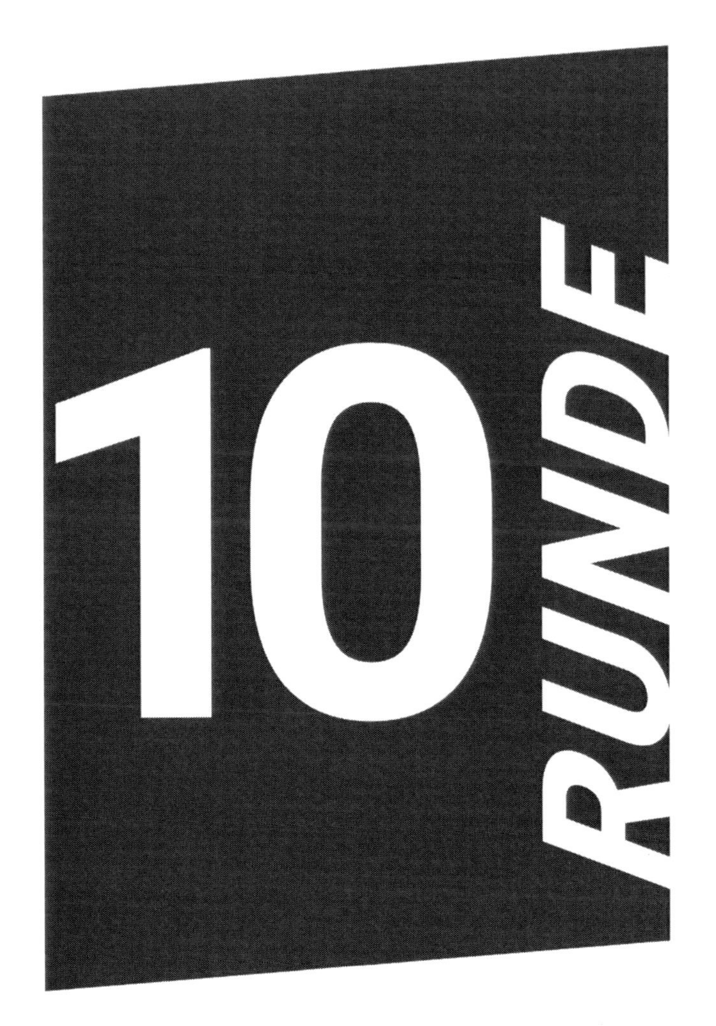
10
RUNDE

A ODER B?

1 2 3 4 5 6 7 8 9 10 11 12

Ich wähle Antwort ...

Kreuze A oder B an:

	A	B
Auf der Achterbahn oder im Aufzug stecken bleiben?	☐	☐
Familie oder Freunde?	☐	☐
Joghurt oder Pudding?	☐	☐
Zu kalt oder zu warm schlafen?	☐	☐
Ninjas oder Piraten?	☐	☐
Schoko oder Vanille?	☐	☐
Spanisch oder Französisch?	☐	☐
Urlaub oder Sparen?	☐	☐
Waschmaschine oder Herd?	☐	☐

✓/✗ RICHTIG ODER FALSCH?

Ich habe noch nie...

Kreise ✓ für richtig oder ✗ für falsch ein:

... Blut gespendet.	✓	✗
... vor einer Fernsehkamera gesprochen.	✓	✗
... einer Person absichtlich eine falsche Handynummer gegeben.	✓	✗
... über 240 km/h im Auto als Fahrer oder Beifahrer erlebt.	✓	✗
... Fallschirmspringen wollen.	✓	✗
... medizinische Schuheinlagen gebraucht.	✓	✗
... mehr als 20 € in der Öffentlichkeit gefunden.	✓	✗
... gepokert.	✓	✗
... vor mehr als 50 Leuten gesprochen/gesungen.	✓	✗

1
2
3
4
5
6
7
8
9
10
11
12

Wie finde ich den Gedanken Marihuana zu legalisieren?

☐ Unerträglich ☐ Unschön ☐ Neutral ☐ Gut ☐ Genial

Wie finde ich Mülltrennung?

☐ Unerträglich ☐ Unschön ☐ Neutral ☐ Gut ☐ Genial

Wie gut kann ich Ski fahren?

☐ Gar nicht! ☐ Kaum ☐ Neutral ☐ Etwas ☐ Sehr!

SCORE 3

ABFOLGE

Sortiere welche dieser Kleidungsstücke ich am liebsten habe:

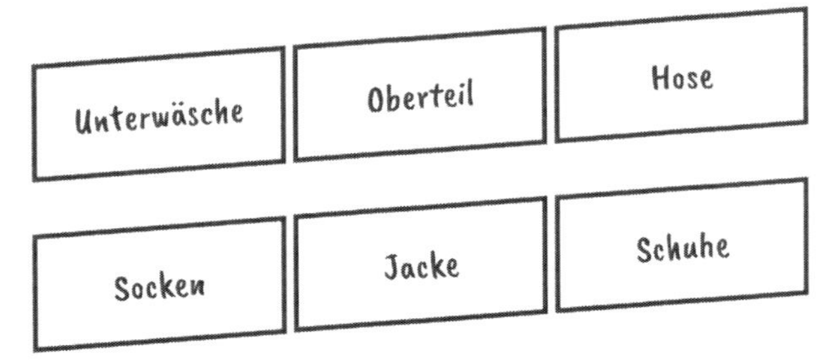

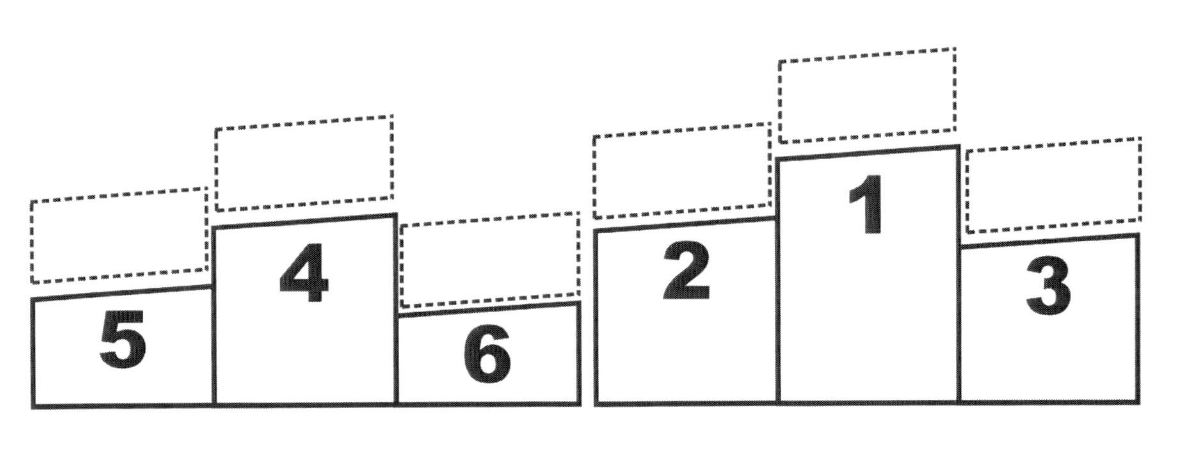

Habe ich Tattoos?

☐ Nein

☐ Ja, und zwar....

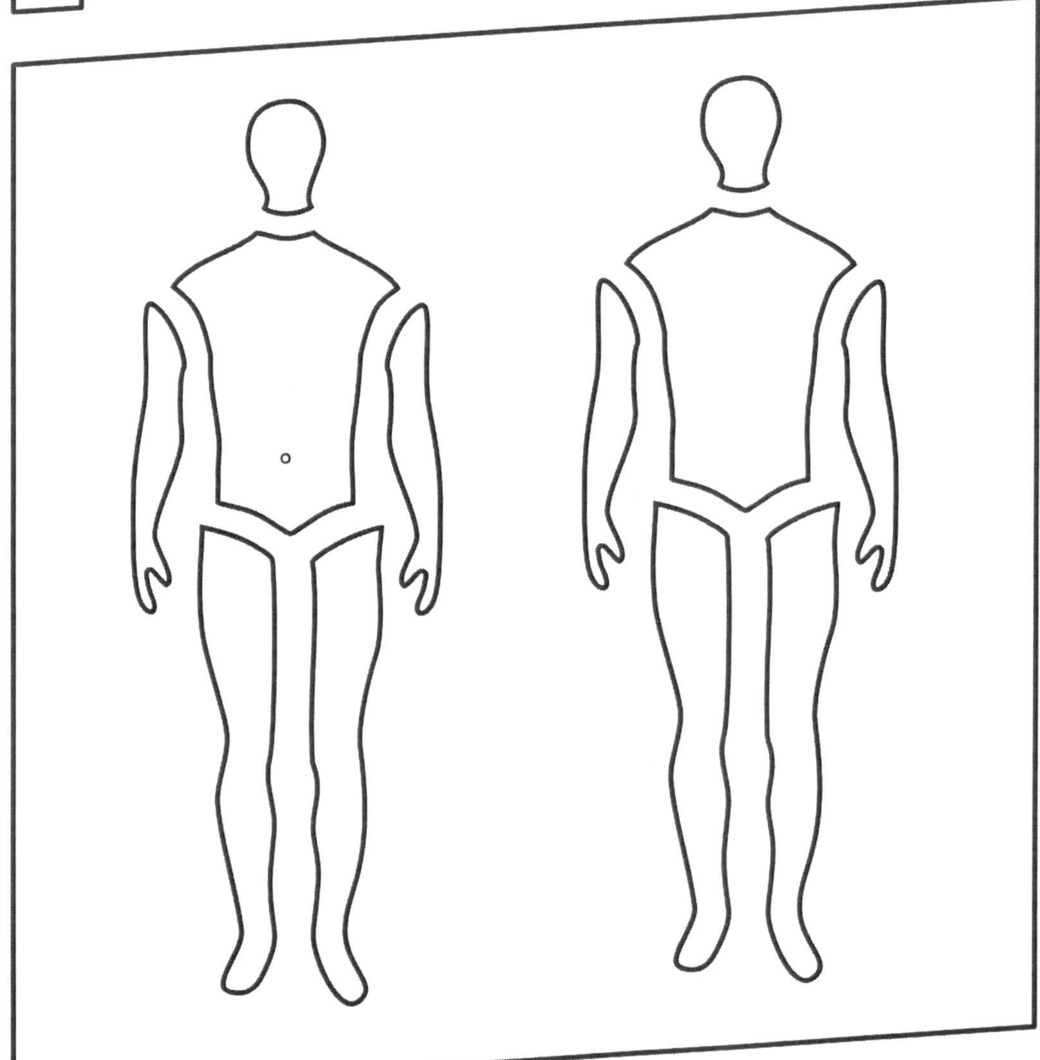

Kreise links ein, wo die Tattoos auf den 6 Körperstellen zu finden sind und nummeriere sie. Benenne anschließend auf der rechten Seite das Tattoo, sodass du auch die dazugehörige Nummer davor schreiben kannst. (Vergiss nicht, hinten findest du Anleitungen!)

---------- --

---------- --

---------- --

---------- --

---------- --

---------- --

---------- --

1
2
3
4
5
6
7
8
9
10
11
12

Mein größter Traum:

Meine größte Angst:

Meine große Rede:

Wenn ich eine sehr ehrenvolle Auszeichnung erhalten sollte und zu jeder einzelnen Person in der Welt da draußen reden müsste, was würde ich höchstwahrscheinlich sagen wollen? Schreibe meine Rede:

RUNDE 10

A ODER B?
Seite 70

 x **6,5** = 

RICHTIG ODER FALSCH?
Seite 71

 x **7,5** = 

ABSCHÄTZEN
Seite 72

 x **7** = 

ABFOLGE
Seite 73

 x **6,5** = 

MARKIEREN
Seite74 - 75

 x **20** = 

ÜBERWINDUNG
Seite 76 - 77

 x **30** = 

SUMME

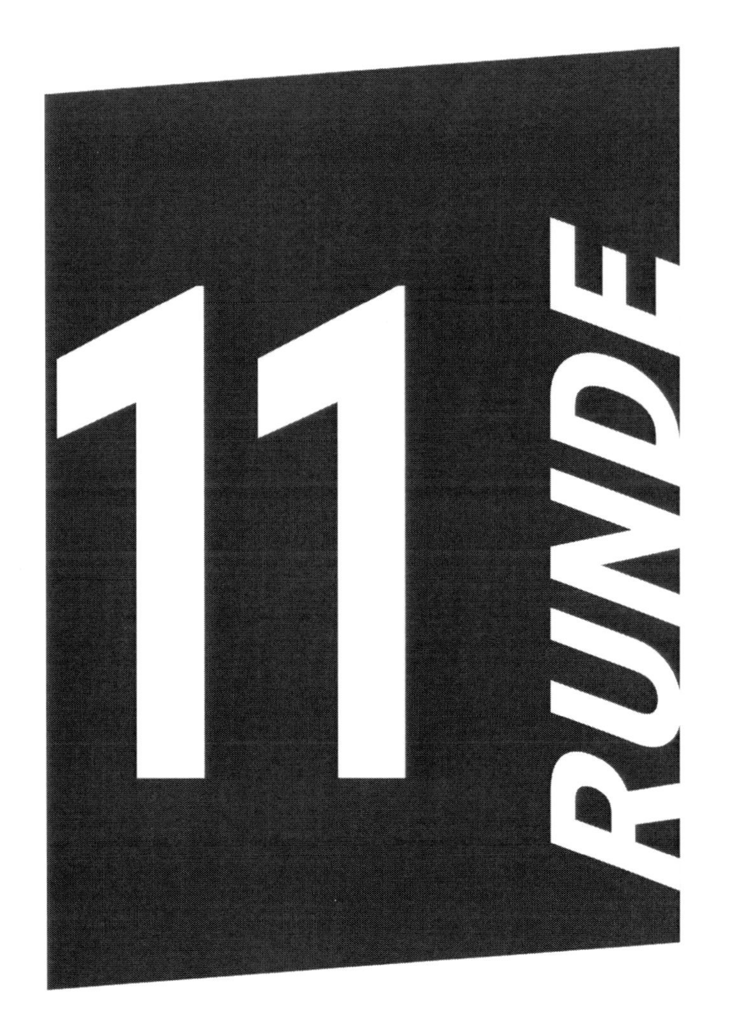
11
RUNDE

A ODER B?

1
2
3
4
5
6
7
8
9
10
11
12

Ich wähle Antwort ...

Kreuze A oder B an:

	A	B
10 Wunschurlaube oder 1 Jahr 18 sein?	☐	☐
Blumen oder Bäume?	☐	☐
Bungee-Jumping oder Fallschirmspringen?	☐	☐
Weniger Stunden arbeiten & öfter kommen oder mehr Stunden arbeiten & weniger kommen?	☐	☐
Sonnenaufgang oder Sonnenuntergang?	☐	☐
Ratte im Badezimmer oder Kakerlake in der Hose?	☐	☐
Torte oder Eis?	☐	☐
Ungeheure Schmerzen oder Sterben?	☐	☐
Zimmerpflanzen oder Deko?	☐	☐

✓/✗ RICHTIG ODER FALSCH?

Ich habe noch nie...

Kreise ✓ für richtig oder ✗ für falsch ein:

... einen Geldschein zerschnitten, zerrissen oder verbrannt.	✓	✗
... an Freunde oder Familie etwas ins Ausland versendet (Postkarten zählen nicht).	✓	✗
... einen Autounfall als beteiligte Person miterlebt.	✓	✗
... einen Knutschfleck gehabt.	✓	✗
... im Fahrstuhl getanzt.	✓	✗
... Kaugummi in meinen Haaren gehabt.	✓	✗
... mein Bewusstsein verloren.	✓	✗
... Schach spielen können.	✓	✗
... versucht über soziale Medien ein Star zu werden.	✓	✗

ABSCHÄTZEN

1 2 3 4 5 6 7 8 9 10 11 12

Eine Wespe in meinem Zimmer. Würde ich sie töten?

☐ Nein ☐ Eher Nein ☐ Neutral ☐ Eher Ja ☐ Ja

Was sage ich zu Autobahnen ohne Tempolimit?

☐ Nein ☐ Eher Nein ☐ Neutral ☐ Eher Ja ☐ Ja

Tierversuche für meine eigene Gesundheit?

☐ Nein ☐ Eher Nein ☐ Neutral ☐ Eher Ja ☐ Ja

SCORE 3

ABFOLGE

Ordne diese Wörter nach dessen Relevanz in meinem Leben:

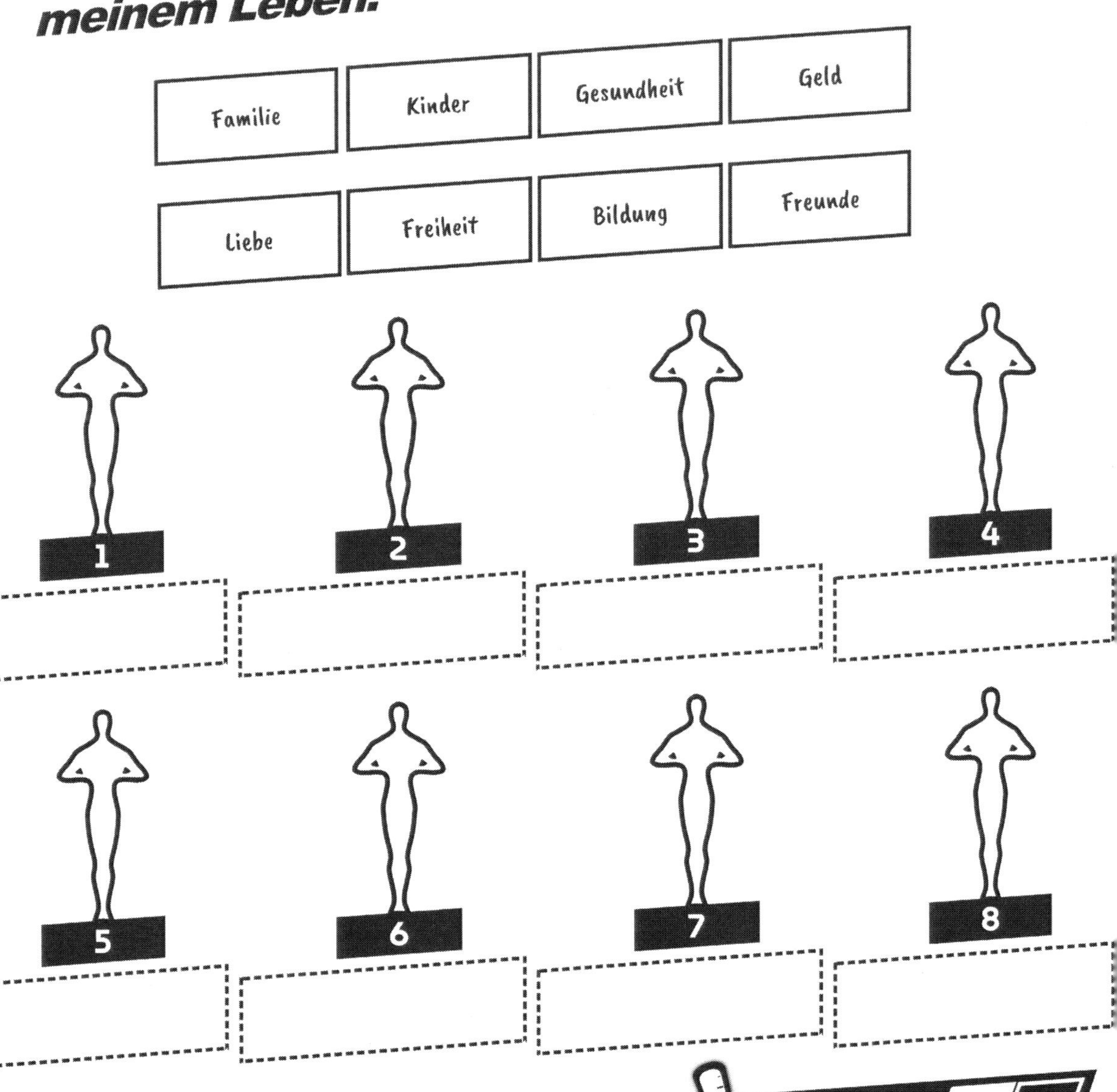

SCORE 8

MARKIEREN

1 2 3 4 5 6 7 8 9 10 11 12

Bin ich kitzelig?

☐ *Nein*

☐ *Ja, und zwar....*

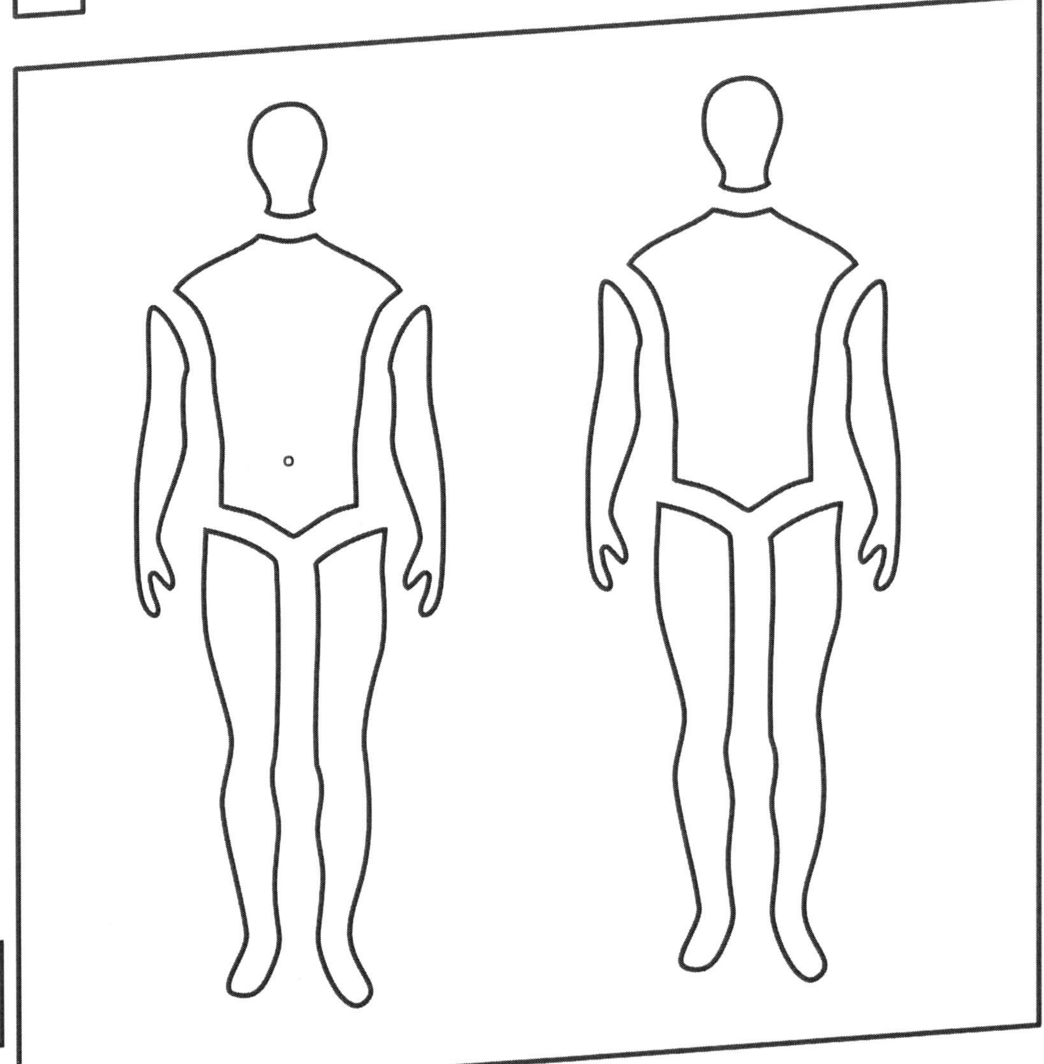

Kreise links ein, wo die kitzeligen Stellen auf den 6 Körperstellen zu finden sind und nummeriere sie. Schreibe anschließend auf der rechten Seite, ob "schwach kitzelig" oder "stark kitzelig", sodass du auch die dazugehörige Nummer davor schreiben kannst. (Vergiss nicht, hinten findest du Anleitungen!)

---------- --

---------- --

---------- --

---------- --

---------- --

---------- --

---------- --

GEDANKENEXPERIMENT

Ich sehe zwei mir unbekannte Personen, die einen Geldtransporter überfallen und 3 Millionen Euro stehlen. Nachdem ich ihnen den ganzen Tag nachspioniert habe, finde ich heraus, dass sie das gesamte Geld an 5 hochgradig bedürftige Kinder spenden, um ihre Lebensgrundlage zu sichern.

Wofür würde ich mich entscheiden?

- ☐ Ich schweige, allerdings verlieren verschieden unschuldige Kontoinhaber ihre unversicherten Ersparnisse im Wert von insgesamt 3 Millionen Euro. Die 5 Kinder werden gerettet.
- ☐ Ich gebe der nächsten Polizeistelle Bescheid. 3 Millionen werden sichergestellt, die Kriminellen kommen für immer hinter Gitter und die Kontoinhaber bekommen ihre Ersparnisse zurück. Die 5 Kinder jedoch werden aufgrund ihrer Notlage krank und sterben wenig später.

Nun stellt sich heraus, dass meine zwei engsten Freunde den Geldtransporter überfallen, die beiden Beamten erschießen und bei der Flucht noch zusätzlich ungewollt 2 Zivilisten töten.

Wofür würde ich mich entscheiden?

- [ ] Ich schweige, allerdings verlieren verschieden unschuldige Kontoinhaber ihre unversicherten Ersparnisse im Wert von insgesamt 3 Millionen Euro (die Hälfte der Kontoinhaber sind sämtliche Leute in deinem Freundes- und Familienkreis). Die 5 Kinder werden gerettet. Niemand wird je zur Rechenschaft gezogen. 4 Familien der zivilen Opfer werden nie erfahren, wer der Mörder ihrer Geliebten war.

- [ ] Ich gebe der nächsten Polizeistelle Bescheid. 3 Millionen werden sichergestellt, die Kriminellen kommen für immer hinter Gitter und die Kontoinhaber bekommen ihre Ersparnisse zurück. Die 4 Familien der zivilen Opfer dürfen beim Gerichtsprozess dabei sein. Die 5 Kinder jedoch werden aufgrund ihrer Notlage krank und sterben wenig später.

RUNDE 11

 **A ODER B?** Seite 80	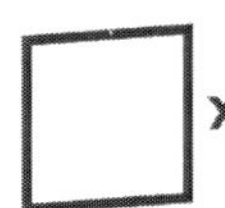	x	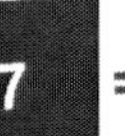 7	=	
 **RICHTIG ODER FALSCH?** Seite 81		x	8	=	
 **ABSCHÄTZEN** Seite 82	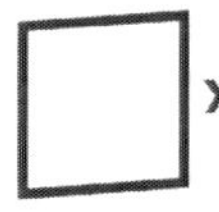	x	7,5	=	
 **ABFOLGE** Seite 83		x	7	=	
 **MARKIEREN** Seite 84 - 85		x	25,5	=	
 **GEDANKENEXPERIMENT** Seite 86 - 87		x	40	=	

SUMME

12
RUNDE

A ODER B?

Ich wähle Antwort ...

Kreuze A oder B an:

	A	B
Alles vergessen oder nichts verstehen?	☐	☐
Gab es zuerst die Henne oder das Ei?	☐	☐
Ein ganzen Abend Mundgeruch oder Essensreste zwischen den Zähnen?	☐	☐
Gedanken lesen oder fliegen können?	☐	☐
Schreien oder Weinen?	☐	☐
Schwarz oder weiß?	☐	☐
Toilettenpapier von oben oder unten ziehen?	☐	☐
Wohnzimmer oder Schlafzimmer?	☐	☐
Zu wissen, wie man stirbt oder wann man stirbt?	☐	☐

✓/✗ RICHTIG ODER FALSCH?

Ich habe noch nie...

Kreise ✓ für richtig oder ✗ für falsch ein:

... dauerhaft Klamotten bei Freunden gelagert.	✓	✗
... ernsthaft überlegt mir die Zähne bleachen zu lassen.	✓	✗
... einem Gerichtsprozess beigesessen.	✓	✗
... eine fremde Person in der Öffentlichkeit lautstark angeschrien.	✓	✗
... auf der Arbeit geweint.	✓	✗
... Einrad fahren ausprobiert.	✓	✗
... gewusst wie man einen Rubik-Cube löst.	✓	✗
... in einer Dusche gesessen.	✓	✗
... versehentlich Schlafkleidung in der Öffentlichkeit getragen.	✓	✗

1 2 3 4 5 6 7 8 9 10 11 12

Habe ich Narben?

☐ Nein

☐ Ja, und zwar....

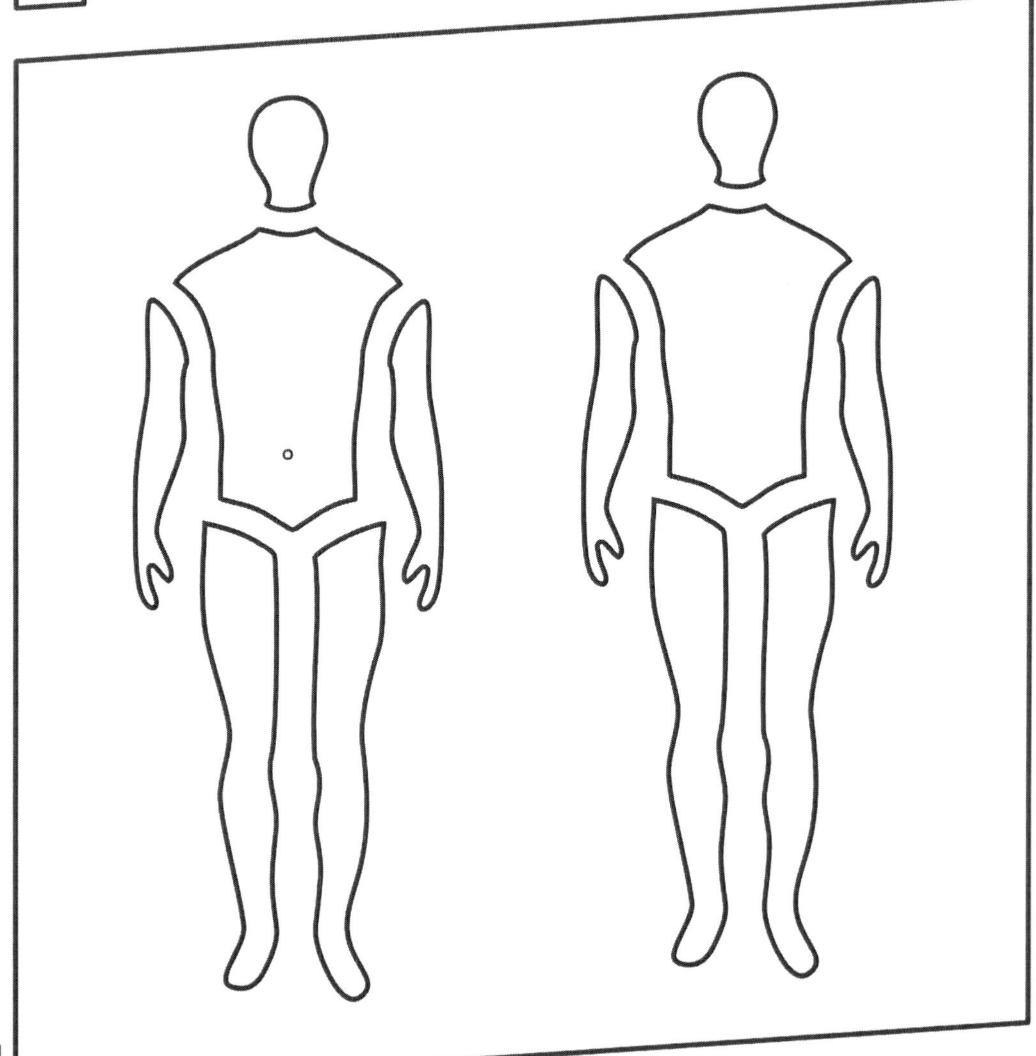

Kreise links ein, wo die Narben auf den 6 Körperstellen zu finden sind und nummeriere sie. Schreibe anschließend auf der rechten Seite, ob "kleine Narbe" oder "große Narbe", sodass du auch die dazugehörige Nummer davor schreiben kannst. (Vergiss nicht, hinten findest du Anleitungen!)

....

....

....

....

....

....

....

1
2
3
4
5
6
7
8
9
10
11
12

Name: ____________ Datum: ____________

Korrekturrand
(nur für Herausforderer)

Wie möchte ich beerdigt werden?

______________________ / 1P

Was ist meine Lieblingszahl?

______________________ / 1P

Lieblingsname für ein Mädchen:

______________________ / 1P

Lieblingsname für einen Jungen:

______________________ / 1P

Falls ich keine Allergien habe streiche durch, sonst nenne eine:

______________________ / 1P

In welcher Stadt wurde ich geboren?

______________________ / 1P

Hatte ich eine feste Zahnspange? Wenn ja, wie lange?

/ 1P

Mein höchstes Schwimmabzeichen:

/ 1P

Was war mein erster Nebenjob?

/ 1P

Habe ich als Baby erst Mama oder Papa gesagt?

/ 1P

Welches Parfum trage ich am meisten?

/ 1P

Was ist mein Lieblingsradiosender?

/ 1P

Für mich ist man ab ______ Jahren alt.

/ 1P

1
2
3
4
5
6
7
8
9
10
11
12

Krankenhaus in dem ich geboren wurde:

______________________________ / 1P

Hausarzt:

______________________________ / 1P

Meine längsten Haare hatte ich, als ich ___ Jahre alt war. / 1P

Letztes gelesenes Buch:

______________________________ / 1P

Was liegt unter meinem Bett?

______________________________ / 1P

Mit etwa ___ Jahren hatte ich meine frühste Erinnerung. / 1P

Lieblingssüßigkeit: ______________________	/ 1P
Lieblingslied: ______________________	/ 1P
Lieblingsfilm: ______________________	/ 1P
Lieblingsserie: ______________________	/ 1P
Lieblingsgetränk: ______________________	/ 1P
Lieblingsgericht: ______________________	/ 1P
Lieblingseissorte: ______________________	/ 1P
Lieblingsbuch: ______________________	/ 1P
Lieblingssport: ______________________	/ 1P
Lieblingsland: ______________________	/ 1P
Lieblingspromi: ______________________	/ 1P

SCORE ____ / 30

RUNDE 12

A ODER B?
Seite 90

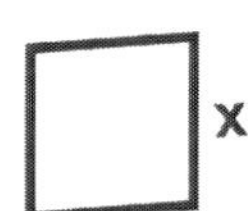 

= 

RICHTIG ODER FALSCH?
Seite 91

= 

MARKIEREN
Seite 92 - 93

 x 31 = 

ABSCHLUSSTEST
Seite 94 - 97

 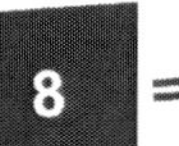

= 

SUMME

FINALSCORE

Runde	Seite	YOUR SCORE	HIGH SCORE
1. RUNDE	Seite 13 - 16		36
2. RUNDE	Seite 17 - 22		42
3. RUNDE	Seite 23 - 26		72
4. RUNDE	Seite 27 - 32		69
5. RUNDE	Seite 33 - 38		90
6. RUNDE	Seite 39 - 44		146
7. RUNDE	Seite 45 - 52		160
8. RUNDE	Seite 53 - 60		176
9. RUNDE	Seite 61 - 68		267
10. RUNDE	Seite 69 - 78		336
11. RUNDE	Seite 79 - 88		370
12. RUNDE	Seite 89 - 98		486
SUMME			2250

SCOREMETER

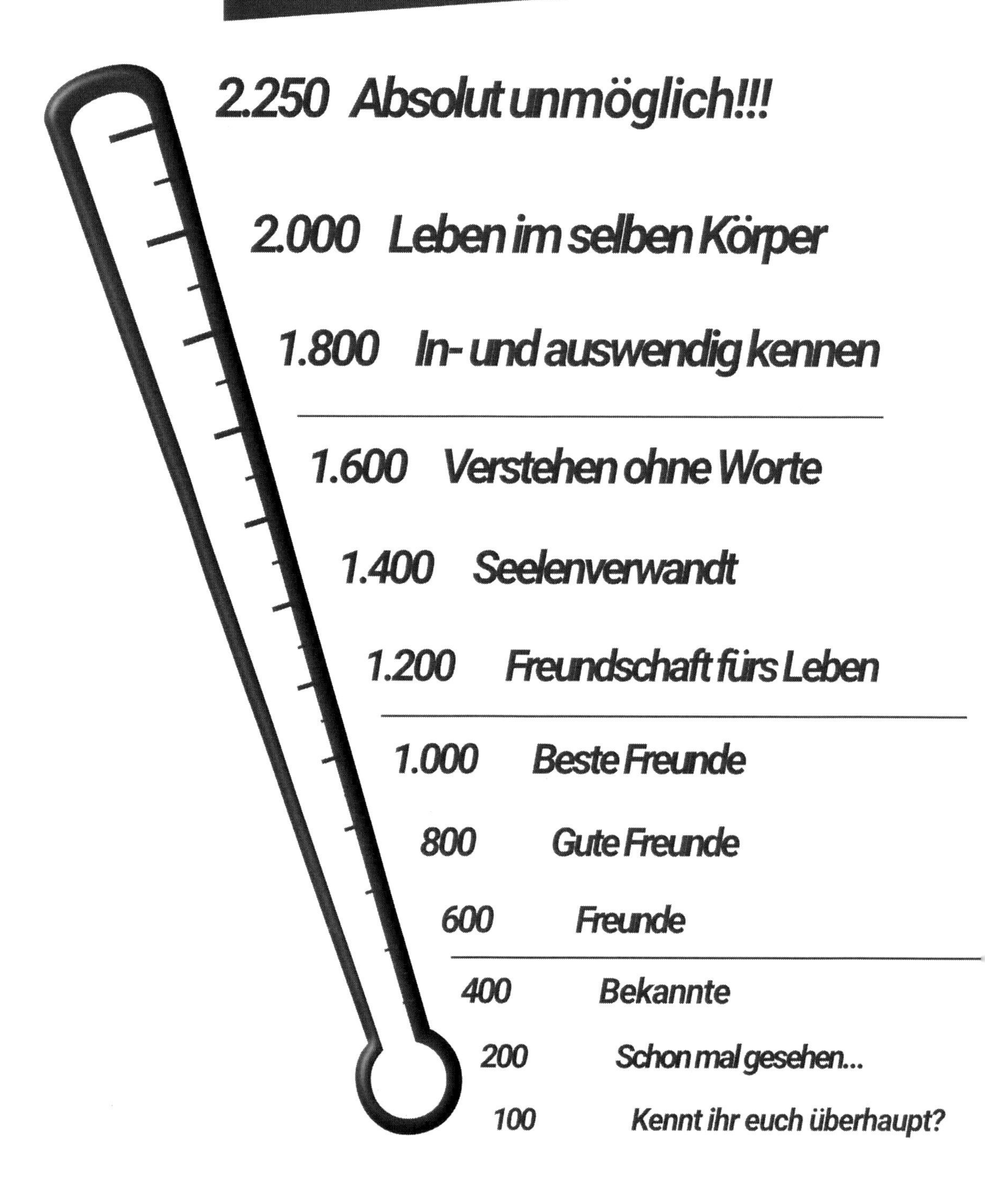

2.250 Absolut unmöglich!!!
2.000 Leben im selben Körper
1.800 In- und auswendig kennen
1.600 Verstehen ohne Worte
1.400 Seelenverwandt
1.200 Freundschaft fürs Leben
1.000 Beste Freunde
800 Gute Freunde
600 Freunde
400 Bekannte
200 Schon mal gesehen...
100 Kennt ihr euch überhaupt?

DANKE!

ANLEITUNG VERTEIDIGER

KREUZE AN...

Kreuze an, welches Bild mir aktuell am ähnlichsten aussieht. Es gibt mehrere Bilder zwischen denen du wählen darfst. Kreuze lediglich ein Bild an (auch wenn es mehrere Seiten gibt).

FRAGEN

Beantworte die dunkel hinterlegte Frage, indem du in die hell hinterlegte Blase schreibst. Manchmal gibt es zwei Ankreuzmöglichkeiten in der hellen Blase. Bitte kreuze davon nur eine Möglichkeit an.

A ODER B?

Kreuze pro Zeile entweder die erste Möglichkeit „A" oder die zweite Möglichkeit „B" an, wofür ich mich lieber entscheiden würde.
Jede Zeile beginnt mit einigen Worten auf der linken Seite und zwei Ankreuzkästchen (A oder B) auf der rechten Seite, wo jeweils nur ein Kästchen angekreuzt werden soll.

✓/✗ RICHTIG ODER FALSCH?

Kreise pro Zeile entweder das Symbol für Richtig „✓" ein, falls der Satz der Wahrheit entspricht oder das Symbol für Falsch „✗", wenn der Satz einer Lüge gleicht.
Jede Zeile beginnt mit einem Satz auf der linken Seite und zwei Symbolen zum einkreisen auf der rechten Seite, wo jeweils nur ein Symbol eingekreist werden soll.

ANLEITUNG VERTEIDIGER

ABSCHÄTZEN

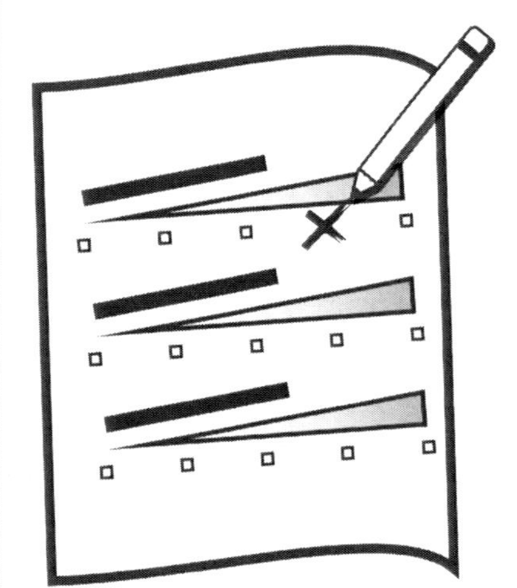

Kreuze pro Satz ein Kästchen an, welches meine Haltung zu diesem Satz am ehesten beschreibt. Unter jedem Satz finden sich 5 Ankreuzkästchen, welche für 5 unterschiedliche Reaktionen stehen. Je weiter links du ankreuzt, desto abgeneigter ist die Reaktion. Je weiter rechts, desto zugeneigter. Bitte kreuze jeweils nur eins der 5 Kästchen an.

ABFOLGE

Trage die Begriffe in die richtigen Kästchen ein. Ordne die oberen Begriffe so, wie dein Herausforderer sie einsetzen würde und schreibe sie dann in die untenstehenden Flächen. Lasse keinen Begriff aus.

FOTOWAND

Kreuze an, welches Bild meiner aktuellen Situation am nähsten kommt.
Es gibt mehrere Bilder zwischen denen du wählen darfst. Falls mehrere Bilder zutreffen, reicht es eine Sache anzukreuzen.

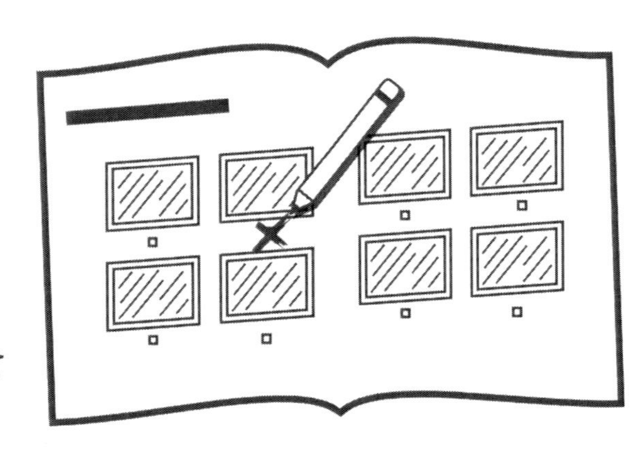

MARKIEREN

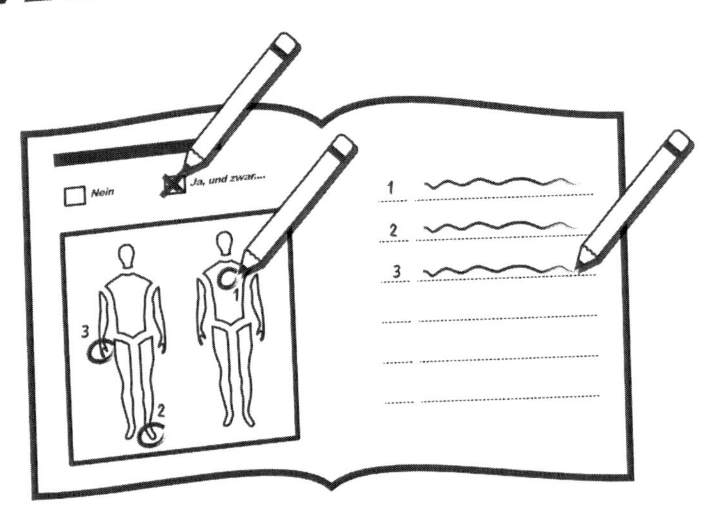

Ankreuzen, ob die obenstehende Frage mit „ja" oder „nein" zu beantworten ist und ggf. weitermachen.
Falls „nein" angekreuzt wird, bist du fertig mit der Aufgabe.
Falls „ja" angekreuzt wird, musst du als nächstes die besagten Stellen in der linken Grafik einkreisen und anschließend auf der rechten Seite den ungefähren Ort benennen. Nummeriere die Kreise auf der linken Seite und die jeweils zutreffende Benennung auf der rechten Seite, damit die Zuordnung einfacher fällt.
Tipp: Bei der Aufgabe mit den Tattoos, kannst du noch angeben, um was für ein Tattoo es sich handelt. Das ist nicht Teil der Aufgabe, aber vielleicht gibt es dann mehr Gnade bei der Bepunktung.

ÜBERWINDUNG

Führe jeden der 3 Punkte etwas mehr aus, indem du dich in mich hineinversetzt.
Beschreibe meinen Traum und meine Angst etwas genauer mit deinen eigenen Worten und versetze dich bei der großen Rede in meine Position.
Schreibe das auf, was ich höchstwahrscheinlich aufschreiben würde.

GEDANKENEXPERIMENT

Kreuze lediglich eine Antwortmöglichkeit pro Frage an.
Es gibt jeweils 2 Antwortmöglichkeiten pro grafisch-unterstützter Frage. Hierbei sind bewusst Situationen gewählt worden, in der jeder Leser eigentlich nicht entscheiden möchte.

ABSCHLUSSTEST

Trage deinen (Verteidiger) Namen und das aktuelle Datum ein und los geht der Test. Beantworte jede Zeile, aber Vorsicht! Auf der rechten Seite gibt es einen Korrekturrand, den bitte frei lassen.
Versuche deine Antwort kurz zu halten, um nicht über den Strich hinauszuschreiben. Falls du mehr Platz benötigst, gibt es hinten im Buch noch weitere freie Seiten.

AB HIER NUR NOCH FÜR DEN HERAUSFORDERER!

AUFBAU DER ANLEITUNG

Auf diesen Seiten wird dir in 3 Schritten erklärt, wie du das bereits ausgefüllte Buch deines Freundes bewertest.

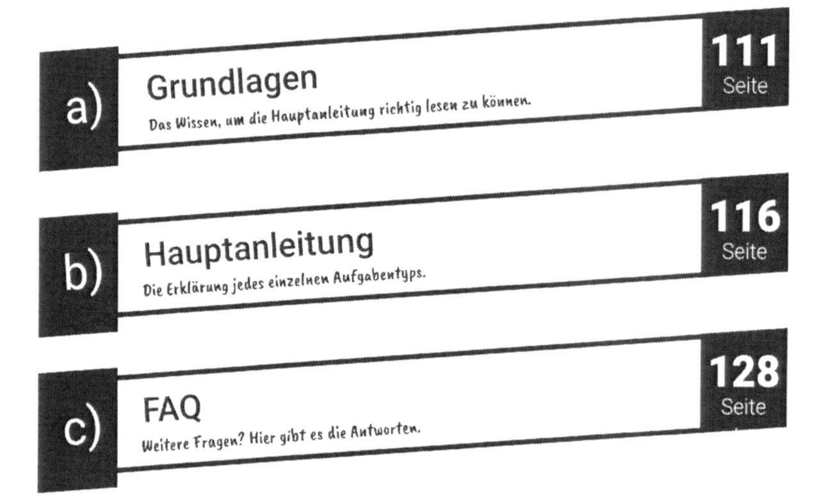

a) Grundlagen

Die Grundlagen sind für die Hauptanleitung wichtig, damit du verstehst, wohin du schauen, wie du denken und was du aufschreiben sollst.

1. SCHAUEN

Vergleiche die Ergebnisse mit deiner „Musterlösung" im Kopf.

2. ENTSCHEIDEN

Entscheide, ob die Antwort richtig ist. Das ist nicht immer so einfach. Wie du dich in komplizierteren Fällen entscheiden musst, ist auf den folgenden Seiten erklärt.

3. AUFSCHREIBEN

Schreibe die Punktzahl neben die Antwort. Es gibt für jede Antwort maximal 1 Punkt.

! Wie streng du die Punkte vergeben sollst wird dir im Hauptteil bei jedem einzelnen Aufgabentyp nochmal genauer erklärt !

Beispiel Rechnung

LEGENDE

Auf der linken Seite findest du eine Beispielrechnung. Auf der rechten Seite (diese Seite) findest du die Interpretation der Beispielrechnung, damit du verstehst, wie du andere Rechnungen in der Hauptanleitung verstehen sollst.

Die Lupe zeigt dir, welche Stelle du beispielhaft für die Bewertung ansehen musst. Sie dient als grobe Orientierung, wo der Fokus liegen sollte.

Neben der Lupe findest du einen Smiley, lass dich davon nicht verunsichern. Die Smilies beschreiben lediglich, wie die fiktive Person im Beispiel über die Antwort denkt.

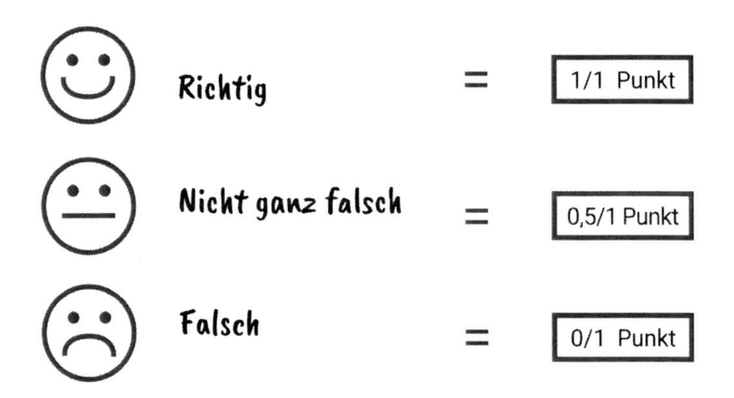

Du musst weder Lupe noch Smilies malen, sondern wirklich nur die Punkte notieren.

ANLEITUNG HERAUSFORDERER

SEITENSCORE

RUNDENSCORE

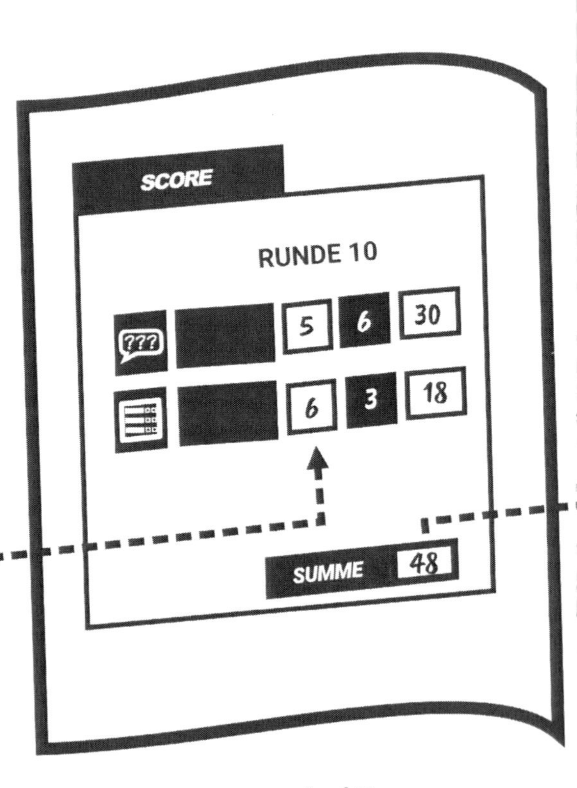

1. Schritt

Nachdem du alle Punkte auf der Seite zusammengezählt hast, trägst du sie ins Score-Feld in der unteren Ecke ein.

2. Schritt

Trage für jede Kategorie den jeweiligen Seitenscore in die Tabelle ein. Multipliziere (·) dann für jede Zeile den Seitenscore mit dem im dunklen Kästchen angegebenen Faktor. Schreibe das Ergebnis ins rechte Feld, addiere (+) die Felder zusammen und notiere sie im Summen-Feld.

GESAMTSCORE

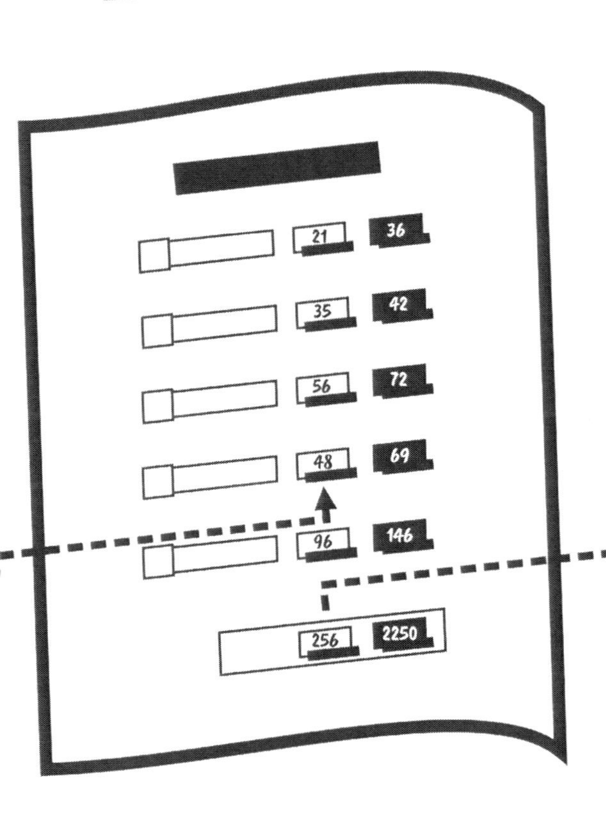

3. Schritt

Wenn du alle Runden fertig hast, brauchst du nur noch die Gesamtpunkte einer jeden Runde in die Auflistung des Gesamtscores einzufügen.

SCOREMETER

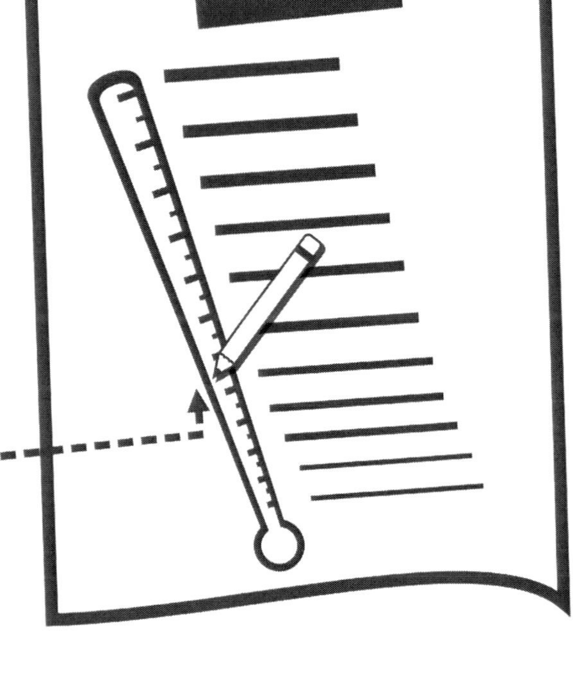

4. Schritt

Zählst du alle Punkte des Gesamtscores zusammen erhältst du, wer hätte es gedacht, den Gesamtscore. Male das Thermometer bis zur ungefähren Höhe der Punktzahl aus. Den Titel kannst du dann auf der rechten Seite ablesen.

ANLEITUNG HERAUSFORDERER

KREUZE AN...

Hier durfte nur ein Kreuz unter dem dementsprechend richtigen Bild gesetzt werden. Es sollte sehr eindeutig sein. Falsch angekreuzt 0 Punkte. Richtig angekreuzt 1 Punkt.
Falls sich etwas kurzfristig geändert hat, die Person aber noch keine Gelegenheit hatte dies mitzubekommen, kannst du gerne einen halben Punkt vergeben.

FRAGEN

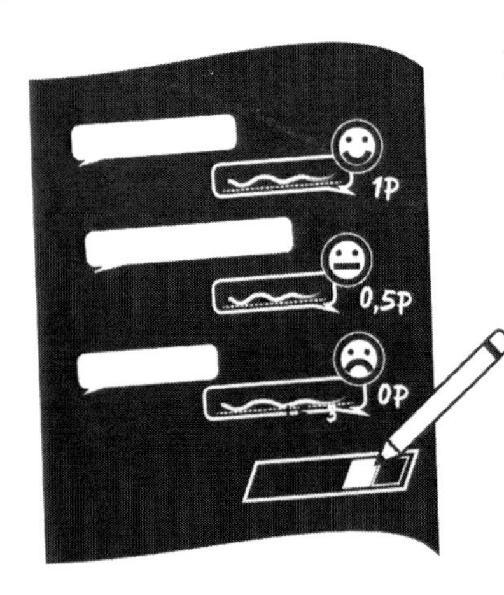

In den hellen Kästchen sollten die Antworten stehen. Entweder geschrieben, wenn in der Blase gepunktete Linien sind oder angekreuzt, wenn es 2 Ankreuzkästchen gibt.
Falsch angekreuzt 0 Punkte. Richtig angekreuzt 1 Punkt. Oder bei den Blasen mit schriftlichen Antworten 0 Punkte bei falscher Antwort und 1 Punkt bei richtiger Antwort.

A ODER B?

Es gibt immer 9 Zeilen und jeweils durfte nur A oder B angekreuzt werden. Richtig, 1 Punkt. Falsch, 0 Punkte. Zwei Sachen angekreuzt, 0 Punkte.

✓/✗ RICHTIG ODER FALSCH?

Es gibt immer 9 Situationen und jeweils durfte nur „✓" oder „✗" eingekreist werden. Richtig, 1 Punkt. Falsch, 0 Punkte. Zwei Sachen eingekreist, 0 Punkte. Falls die Person keinen Kreis macht, aber anderweitig sinnvoll die richtige Antwort markiert, kannst du trotzdem die volle Punktzahl vergeben.

ABSCHÄTZEN

Es gibt 3 Sätze und jeweils darunter ein Kreuz, was gesetzt werden sollte. Ist das Kreuz an der richtigen Stelle, gibt es 1 Punkt. Ist das Kreuz zwar falsch gesetzt, aber nur um 1 Stelle daneben (also das, zur Lösung, direkt danebenliegende Kästchen) gibt es einen halben Punkt. Sobald ein freies Kästchen, oder mehr, zwischen der Antwort und der Lösung ist, gibt man 0 Punkte.

Der halbe Punkt ist eigentlich nur, wie im oben beschriebenen Text möglich.

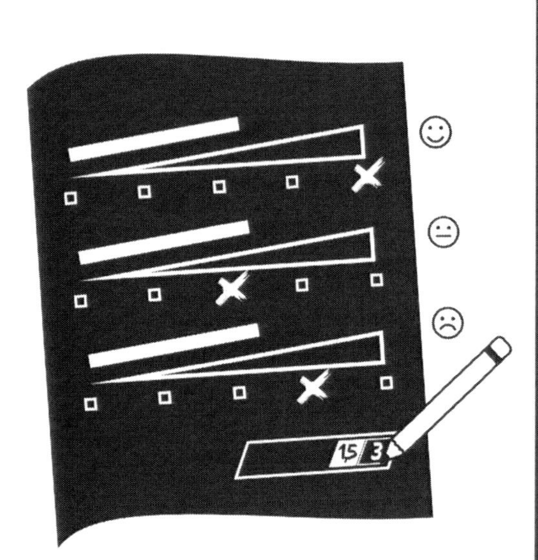

AUF DER NÄCHSTEN SEITE GEHT'S WEITER...

ANLEITUNG HERAUSFORDERER

ABFOLGE

Hier siehst du eine fertig bearbeitete Beispielaufgabe aus dem Buch. Die Aufgabe ist immer gleich aufgebaut. Die oberen Wörter sollten unten in die freien Kästchen eingetragen worden sein. Es handelt sich dabei um eine durchnummerierte Reihenfolge.

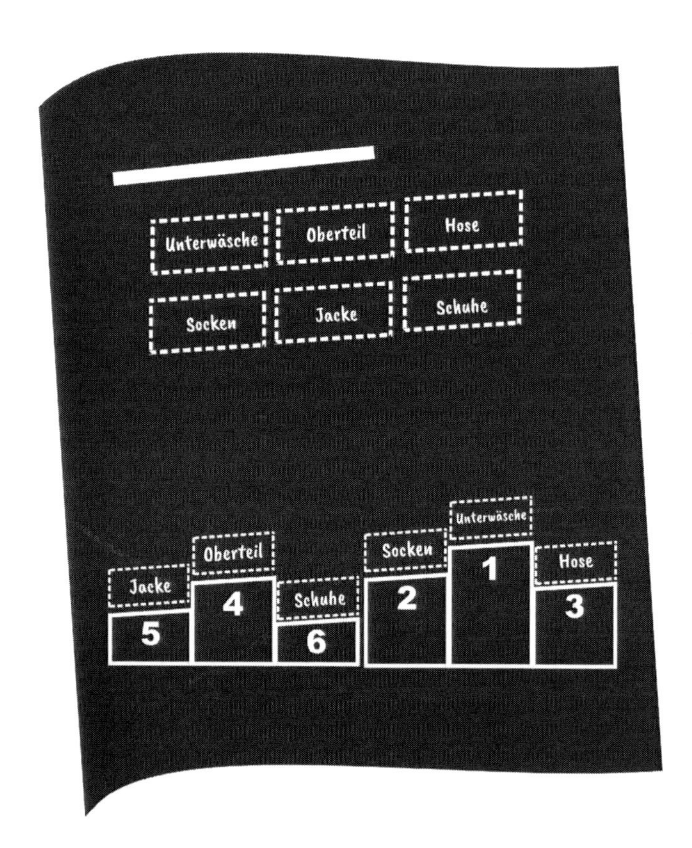

Hier ist die Bewertungsnotiz dazu abgebildet

(ab S. 130 findest du Vorlagen dafür).

Alles was du zutun hast, ist es, in die linke Spalte „Verteidiger“ die Anordnung des Gegners zu übertragen und in die rechte Spalte „Herausforderer“ deine eigene (richtige) Abfolge einzutragen. Nun musst du nur noch vergleichen. Steht eine Nummer und ein Wort bei euch an der gleichen Stelle, so gibt es 1 Punkt. Falls es nur um eine Stelle nach oben oder unten verschoben ist, gibt es einen halben Punkt. Ist der Abstand größer gibt es keinen Punkt. Der halbe Punkt ist eigentlich nur, wie im oben beschriebenen Text möglich.

FOTOWAND

Hier durfte nur ein Kreuz unter dem dementsprechend richtigen Bild gesetzt werden. Wichtig! Es geht um Dinge, die noch aktuell sind. Was in der Vergangenheit mal war, ist hier uninteressant. Falls es aktuell mehrere Antwortmöglichkeiten gibt, reicht es, wenn nur eine richtige Sache angekreuzt wurde. Also: Falsch angekreuzt, 0 Punkte. Richtig angekreuzt, 1 Punkt (eine Sache reicht und verteile maximal 1 Punkt für die gesamte Aufgabe). Falls kein Punkt erreicht wurde, aber die angekreuzte Antwort zumindest in der Vergangenheit so mal richtig war, kannst du gerne einen halben Punkt vergeben.

AUF DER NÄCHSTEN SEITE GEHT'S WEITER...

MARKIEREN

Es gibt für diesen Aufgabentyp immer maximal 3 Punkte zu holen.
Hierzu gibt es 2 Möglichkeiten was passieren kann.

MÖGLICHKEIT 1

Die Person kreuzt „Nein" an und es entspricht der Wahrheit. In diesem Fall gibt es (aufgepasst! Nicht wie sonst immer 1 Punkt) sofort 3 Punkte und du brauchst nichts weiter tun. Vielleicht waren das einfache Punkte für die Person, aber sei nicht böse, wenigstens musst du nicht viel korrigieren.

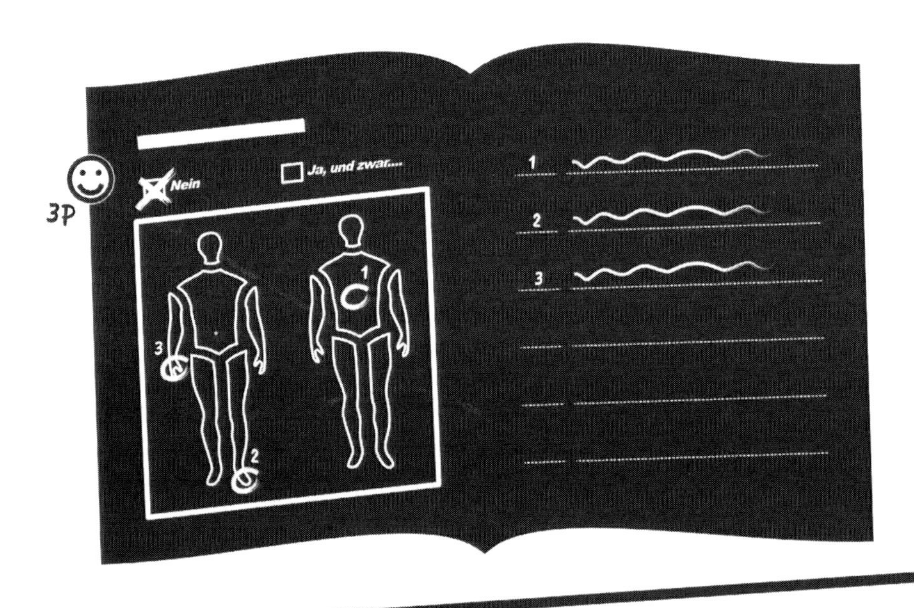

MÖGLICHKEIT 2

Hier teilen wir auf in 3 Bereiche, in denen es jeweils 1 Punkt zu holen gibt:

BEREICH 1 (Ankreuzkästchen)

Wenn „Ja"angekreuzt wurde, gibt es einen Punkt. Wenn „Nein" angekreuzt wurde, gibt es keinen Punkt (es sei denn es handelt sich um Möglichkeit 1).

BEREICH 2 (Abbildung)

Hier sind Position und Anzahl der Einkreisungen auf den jeweiligen Körperstellen zu bepunkten. Bei Fehlern kannst du auch Punkte abziehen. Da manche bspw. 20 Tattoos haben und andere vielleicht 3, darf hier die Punktzahl zwischen 0 bis 1 in 0,1 Schritten frei gewählt werden.

BEREICH 3 (Textfläche)

Hier wird das richtig Geschriebene, je nach gefragter Aufgabe, zusammen mit der richtigen Nummerierung bepunktet. Bei Fehlern kannst du auch Punkte abziehen. Hier darf die Gesamtpunktzahl zwischen 0 bis 1 in 0,1 Schritten frei gewählt werden.

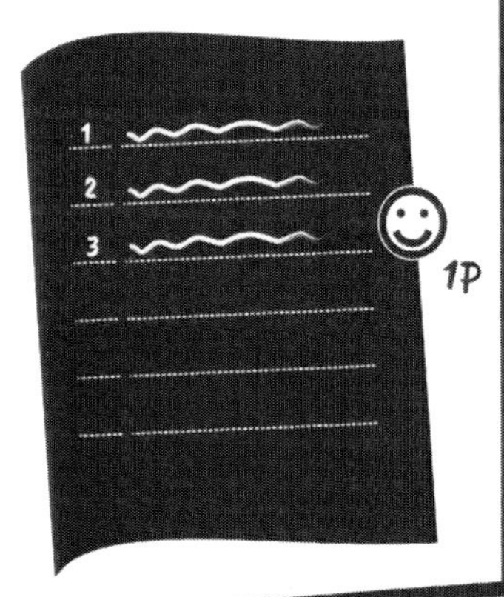

ANLEITUNG HERAUSFORDERER

ÜBERWINDUNG

Bei der Aufgabe sollte es insgesamt 3 etwas längere Texte als Antworten geben. Wenn das Geschriebene absolut an deinen Vorstellungen vorbei geht, vergibst du jeweils 0 Punkte. Jeweils 1 Punkt vergibst du, wenn es fast absolut richtig ist (vollkommen richtig wird schwer sein). Einen halben Punkt gibt es hier jeweils, wenn der Text nicht ganz richtig und nicht ganz falsch ist. Hier geht es viel ums eigene Ermessen.

GEDANKENEXPERIMENT

Unter den 2 Szenarien sollte jeweils ein Kreuz gesetzt werden.
Ist es an der richtigen Stelle, gibt es jeweils 1 Punkt. An der falschen, jeweils 0 Punkte.
Aufgepasst! Hier sollst du keine halben Punkte vergeben. Bitte vergib auch keinen halben Punkt, wenn du dir selbst nicht sicher bist, was du ankreuzen würdest.

ABSCHLUSSTEST

Insgesamt gibt es 30 Fakten über dich und daneben befindet sich jeweils auf der rechten Seite ein Korrekturrand mit grafischer Hilfe, um dir bei deiner Bepunktung zu helfen. Nutze sie ruhig. Bei falscher Antwort gibt es jeweils 0 Punkte und bei der richtigen Antwort jeweils 1 Punkt.

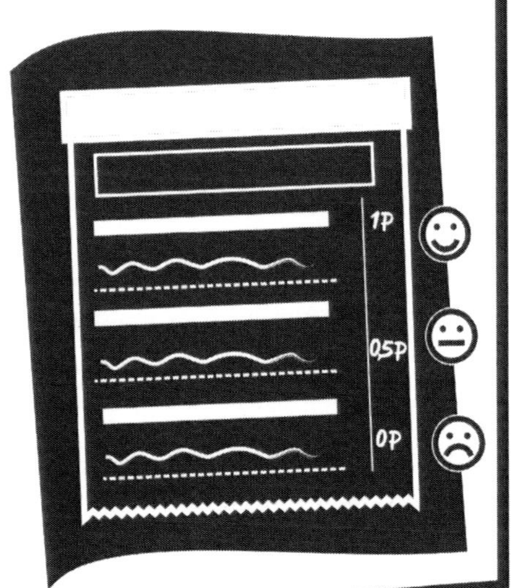

HÄUFIGE FRAGEN

Was mache ich, wenn eine Aufgabe nicht bearbeitet wurde?

↳ Vergib 0 Punkte!

Was mache ich, wenn jemand mehrfache Antwortmöglichkeiten ankreuzt, obwohl nur eine Sache gefragt war?

↳ Gar keinen Punkt vergeben.

Was mache ich, wenn jemand mehr gemacht hat, als er sollte?

↳ Vergib nicht mehr Punkte, als es gibt! Ansonsten können sich, durch die Multiplikatoren-rechnung des Autors, die Ergebnisse verfälschen!
Die Einfachheit des Buches hatte beim Erstellen leider Vorrang. Sei bitte nicht traurig, sondern fühle dich stattdessen geschmeichelt, dass dein Freund mehr über dich weiß.

Wie ernst sollte ich das Ergebnis sehen?

↳ Siehe das Ergebnis als Richtwert. Bei richtiger Bepunktung sollte eine besonders hohe Punktzahl eigentlich einen hohen Stellenwert haben, aber sowohl eine sehr niedrige Punktzahl, als auch das Gesamtergebnis unter Freunden zu vergleichen, sollte mit Vorsicht betrachtet werden! Individuelle Ansichten bei der Bepunktung können enorme Unterschiede ausmachen!

Muss ich überhaupt bepunkten?

↳ Nein, musst du nicht. Höchstwahrscheinlich werden es viele aus Neugier tun, aber wenn dir das zu viel Arbeit ist oder du schlichtweg einfach nicht möchtest, dann ist das so. Du hast herausgefordert, also darfst du auch entscheiden!

Die zu verteidigende Person hat kaum Punkte erreicht. Kann man sowas eine schlechte Freundschaft nennen?

↳ Nein, das Buch ist lediglich zur Unterhaltung gedacht. Man sollte sich glücklich schätzen, dass es noch wahre Freunde gibt, die für einen dieses Buch ausfüllen.

Ich verstehe trotz Anleitung die Aufgaben nicht. Was nun?

↳ Im schlimmsten Fall können Herausforderer und Verteidiger sich absprechen, wie eine Aufgabe stattdessen gelöst werden sollte. Aber Vorsicht! Dadurch könnten sich die Resultate bei der Bepunktung verfälschen! Guter Tipp: Frag andere Leute, wie sie es verstehen würden. Hoffentlich hilft es, ansonsten springst du zur ersten Möglichkeit zurück.

Muss ich die Seiten-Auswertung für die Abfolge ausfüllen?

↳ Nein! Als Herausforderer bist du zu nichts gezwungen! Es wird dir aber höchstwahrscheinlich viel Arbeit abnehmen können. Sieh es als Hilfestellung und nicht als Pflicht.

Gibt es wichtige Dinge, die ich beachten sollte?

↳ Schau mal bei den Notiz-Seiten vorbei. Vielleicht wurde dort noch mehr zum Korrigieren hinterlegt. Ansonsten wäre nach der Bepunktung ein „zweites drüberlesen" nicht verkehrt. Vielleicht findest du noch weitere Punkte.

Muss ich die Punktzahlen wirklich auf jeder Seite eintragen?

↳ Nein! Du kannst auch alles im Kopf berechnen, allerdings könntest du so Gefahr laufen, etwas zu vergessen. Spätestens, wenn du vielleicht bei mehreren Aufgaben nochmal nachträglich die Punkte ändern möchtest, könntest du deine Faulheit bereuen.

Wie kann ich dem Autor was Gutes tun, wenn mir danach ist?

↳ Als Autor würde ich gerne unbekannt bleiben. Wenn du mir wirklich einen Gefallen tun möchtest, dann bewerte das Buch bei Amazon und empfiehl es ggf. deinen Freunden weiter. Es ist mein erstes Buch und daher bin ich auf die Meinung von möglichst vielen Leuten neugierig.

NOTIZEN

Vergleiche deine Musterlösung der Abfolge mit der von deinem Verteidiger ausgefüllten Lösung:

RUNDE 3

VERTEIDIGER

1. ....
2. ....
3. ....

HERAUSFORDERER

1. ....
2. ....
3. ....

Vergleiche deine Musterlösung der Abfolge mit der von deinem Verteidiger ausgefüllten Lösung:

RUNDE 6

VERTEIDIGER

1. ....
2. ....
3. ....
4. ....
5. ....
6. ....

HERAUSFORDERER

1. ....
2. ....
3. ....
4. ....
5. ....
6. ....

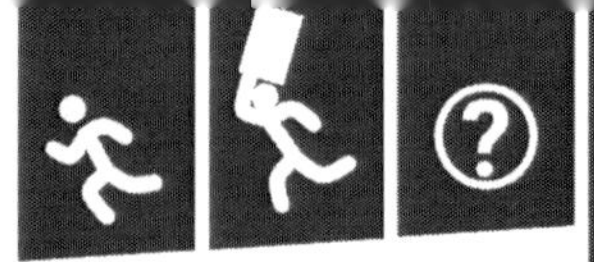

NOTIZEN

Vergleiche deine Musterlösung der Abfolge mit der von deinem Verteidiger ausgefüllten Lösung:

RUNDE 7

VERTEIDIGER

1. ....
2. ....
3. ....
4. ....
5. ....
6. ....
7. ....
8. ....

HERAUSFORDERER

1. ....
2. ....
3. ....
4. ....
5. ....
6. ....
7. ....
8. ....

Vergleiche deine Musterlösung der Abfolge mit der von deinem Verteidiger ausgefüllten Lösung:

RUNDE 8

VERTEIDIGER	HERAUSFORDERER
1.	1. ....
2.	2. ....
3.	3. ....
4.	4. ....
5.	5. ....
6.	6. ....
7.	7. ....
8.	8. ....

NOTIZEN

Vergleiche deine Musterlösung der Abfolge mit der von deinem Verteidiger ausgefüllten Lösung:

RUNDE 9

VERTEIDIGER	HERAUSFORDERER
1.	1. ....
2.	2. ....
3.	3. ....
4.	4. ....
5.	5. ....
6.	6. ....
7.	7. ....
8.	8. ....

Vergleiche deine Musterlösung der Abfolge mit der von deinem Verteidiger ausgefüllten Lösung:

RUNDE 10

VERTEIDIGER

1. ....
2. ....
3. ....
4. ....
5. ....
6. ....

HERAUSFORDERER

1. ....
2. ....
3. ....
4. ....
5. ....
6. ....

NOTIZEN

Vergleiche deine Musterlösung der Abfolge mit der von deinem Verteidiger ausgefüllten Lösung:

RUNDE 11

VERTEIDIGER

1. ....
2. ....
3. ....
4. ....
5. ....
6. ....
7. ....
8. ....

HERAUSFORDERER

1. ....
2. ....
3. ....
4. ....
5. ....
6. ....
7. ....
8. ....

NOTIZEN

Hier ist Platz für deine Notizen und Erläuterungen:

Bezug zur Seite:

Hier ist Platz für deine Notizen und Erläuterungen:

Bezug zur Seite:

NOTIZEN

Hier ist Platz für deine Notizen und Erläuterungen:

Bezug zur Seite:

Hier ist Platz für deine Notizen und Erläuterungen:

NOTIZEN

Hier ist Platz für deine Notizen und Erläuterungen:

Bezug zur Seite:

Hier ist Platz für deine Notizen und Erläuterungen:

Bezug zur Seite:

NOTIZEN

Hier ist Platz für deine Notizen und Erläuterungen:

Bezug zur Seite:

Hier ist Platz für deine Notizen und Erläuterungen:

Bezug zur Seite:

NOTIZEN

Hier ist Platz für deine Notizen und Erläuterungen:

Bezug zur Seite:

Hier ist Platz für deine Notizen und Erläuterungen:

Bezug zur Seite:

NOTIZEN

Hier ist Platz für deine Notizen und Erläuterungen:

Bezug zur Seite:

Hier ist Platz für deine Notizen und Erläuterungen:

NOTIZEN

Hier ist Platz für deine Notizen und Erläuterungen:

Bezug zur Seite:

Hier ist Platz für deine Notizen und Erläuterungen:

Bezug zur Seite:

NOTIZEN

Hier ist Platz für deine Notizen und Erläuterungen:

Bezug zur Seite:

Hier ist Platz für deine Notizen und Erläuterungen:

NOTIZEN

Hier ist Platz für deine Notizen und Erläuterungen:

Bezug zur Seite:

Hier ist Platz für deine Notizen und Erläuterungen:

Bezug zur Seite:

DANKSAGUNG

Dies ist mein erstes Buch.

Ich möchte meiner Zeichnerin danken für ihre unbeschreiblich schönen Zeichnungen und ihrer Geduld, bei den schier unendlichen Versionen von den letztlich verwendeten Grafiken. Ohne deine Hilfe würde es dem Buch auf manchen Seiten an Leben fehlen. Vielen vielen Dank!

Ebenso möchte ich meinem Mediendesigner danken. Es waren gefühlt Stunden und Abende, die nie enden wollten. Es war ein Krieg zwischen Funktionalität, Philosophie, Intuition, Design und Sturheit. Momente, in denen wir uns am liebsten mit unserem jeweiligen Computern beworfen hätten, aber uns dann doch wieder an den Schreibtisch setzten. Zeiten, wo die Motivation zum Projekt fast weg gewesen wäre. Doch letztlich lesen wir die Seiten. Ich muss dir danken. Ohne dich hätte ich nie ein Buch herausgebracht. Ohne dich hätte ich nie einer Person von meinen Entwürfen erzählt und ohne dich hätte es auch einfach keinen Spaß gemacht. Noch nie konnte ich mit einem Projektpartner solche guten Ergebnisse erzielen, wie mit dir. Ich konnte sehr viel von dir lernen. Danke, für diese unglaubliche Möglichkeit! Danke für alles! Danke für eine unglaublich gute Freundschaft.

Ich möchte mich aber auch entschuldigen. Entschuldigen, weil ich nicht jede Person formgemäß adressieren konnte, ohne das Buch unübersichtlich zu machen. Niemand soll sich durch dieses Buch nicht angesprochen oder gar angegriffen fühlen. Das Buch ist für jedes Geschlecht, jede Nationalität, jede Religion, jede sexuelle Orientierung, jede Hautfarbe oder einfach gesagt, für alle. Es ist nicht einfach mit einem er/sie getan. Sprache ist leider so spezifisch, dass sie kaum die menschliche Vielfalt abdecken kann. Bevor ich also lange Namen habe und wen vergesse, mache ich lieber kurze und danke hier nochmal allen lesenden Personen. Das Buch soll zusammenbringen, wenn es das also nicht schafft, dann weg damit! Ihr sollt Spaß haben!